Klingst | Trumps Amerika

Martin Klingst

Trumps Amerika

Reise in ein weißes Land

Reclam

2018 Philipp Reclam jun. Verlag GmbH,
Siemensstraße 32, 71254 Ditzingen
Umschlaggestaltung: zero-media.net
Umschlagabbildung: gettyimages / Bill Hinton Photography, RF
Druck und Bindung: CPI books GmbH,
Birkstraße 10, 25917 Leck
Printed in Germany 2018
RECLAM ist eine eingetragene Marke
der Philipp Reclam jun. GmbH & Co. KG, Stuttgart
ISBN 978-3-15-011178-9

Auch als E-Book erhältlich

www.reclam.de

Inhalt

Einleitung

Als ich dieses Buch im Frühjahr 2018 schreibe, ist Donald Trump gerade einmal ein gutes Jahr im Amt. In nur sechzehn Monaten hat der 72-jährige US-Präsident sein Land, die Republikanische Partei, die Welt und die liberale westliche Nachkriegsordnung in eine der größten Krisen seit 1945 gestürzt. Es herrscht ein Zustand nervenaufreibender Ungewissheit, in dem man jeden Augenblick mit einer Überraschung – und oft mit dem Schlimmsten rechnen muss. Die Nervosität ist natürlich auch deshalb so groß und global, weil die Vereinigten Staaten von Amerika trotz ihres schwindenden Einflusses nach wie vor eine militärische Supermacht und eine wirtschaftliche Großmacht sind.

Der Wahnsinn im Weißen Haus

Trump ist ein Politiker, der äußerst ungern tut, was andere von ihm erwarten. Äußere Zwänge sind ihm zuwider. Trump bezeichnet sich selber als einen *disrupter*, als jemanden, der gezielt stören und zerstören will. Trump pfeift auf Traditionen, Konventionen und althergebrachte Regeln. Nach Lust und Laune legt er sich mit Freunden, Verbündeten und Feinden gleichermaßen an.

Formale Fesseln wie die Gewaltenteilung oder der Multilateralismus, dieses komplizierte Geflecht internationaler Beziehungen mit bindenden Verträgen, langatmigen Konferenzen und mühsamen Strukturen, sind ihm ein Gräuel. Sooft es geht, versucht er diese Fesseln zu sprengen. Donald Trump betreibt nationale und globale Politik am liebsten wie ein Geschäftsmann, mit dem Kassenbuch. Er ist auf der Suche nach einem schnellen Deal und handelt stets nach der

Devise: Was springt für mich als Präsident und für mein Land dabei heraus?

Trump hat die Züge eines Autokraten, er ist ein Egomane, ein geradezu pathologischer Narzisst. Seine Psyche ist Gegenstand öffentlicher Erwägungen und medizinischer Untersuchungen. Wann gab es das schon einmal, dass der Amtsarzt des Weißen Hauses einem Präsidenten nicht nur eine gute physische, sondern zugleich eine gute psychische Gesundheit attestieren muss? Im Januar 2018 erklärte Trumps Doktor nach einer routinemäßigen medizinischen Untersuchung offiziell, es gebe » keinerlei Anzeichen« für ein »geistiges, kognitives Problem«.

Unweigerlich erinnert dieser Präsident an Schneewittchens böse Stiefmutter in Grimms Märchen, der ständig bestätigt werden muss, dass sie die Schönste ist, und die alle, die ihr nicht huldigen, mit unbarmherzigem Zorn verfolgt. Bei Trump jedenfalls kann man sich im übertragenen Sinn ebenso gut vorstellen, dass er jeden Morgen in den Spiegel schaut und fragt: »Spieglein, Spieglein an der Wand, wer ist der Schönste – und der Mächtigste – im ganzen Land?«

Fällt auch nur der kleinste Schatten auf ihn, sind immer andere schuld. Fast die Hälfte seiner Berater und der Regierungsmannschaft hat er bis zum Frühjahr 2018 ausgewechselt. Entweder wurden sie hinausgeworfen oder sie kündigten von sich aus, weil sie seine irrlichternde Politik nicht mehr mittragen wollten oder selbst in irgendwelche Affären verstrickt waren.

Nach nur sechzehn Monaten hatte Trump bereits den zweiten Stabschef, den zweiten Außenminister, den dritten Nationalen Sicherheitsberater und den fünften Kommunikationsdirektor eingestellt. Damit hält er eindeutig den Rekord eines amerikanischen Präsidenten im Mitarbeiterverschleiß. »Menschen sind keine Menschen für ihn, sondern Werkzeuge seines Egos«, sagt Tony Schwartz, Ghostwriter von *Art of the Deal*, Trumps erstem Buch über die Kunst des Geschäftemachens.

In diesen ersten anderthalb Amtsjahren türmen sich nicht nur Skandale und Affären. Auch der menschliche Umgang, der politische Stil und die Sprache in Washington sind völlig verroht. Inzwischen herrscht auf der politischen Bühne ein unflätiger, verächtlicher, herabwürdigender Ton. Wichtige Entscheidungen teilt Trump in maximal 280 Buchstaben über Twitter mit, Verschwörungstheorien und *fake news* haben Konjunktur. Der Wahrheit werden sogenannte »alternative Fakten« entgegengesetzt. Kritische Medien sind für Trump »Volksfeinde«.

Damit nicht genug: Beschimpfungen, Drohungen, Selbstsucht, Erpressung, maximaler Druck auf andere und vor allem die ständige Unberechenbarkeit sind sowohl zur Methode als auch zum Kennzeichen der Trump-Ära geworden. In der politischen Sphäre der USA gibt es keine Gewissheiten mehr.

Trumps Verteidiger sehen in alledem einen notwendigen neuen Ansatz im Umgang mit den Kräften der Globalisierung und eine überfällige Berichtigung liberaler Übertreibungen der vergangenen Jahrzehnte. Doch Trumps Stil und Politik zielen weniger auf eine Kurskorrektur als auf eine radikale Umkehr – und auf die Zerschlagung möglichst vieler Errungenschaften seines Vorgängers Barack Obama.

Die große Gefahr dieser Art von Politik liegt in ihrer Zerstörungswut und ihrer völligen Unberechenbarkeit. Sie ist plan- und ziellos. Alles scheint möglich – folglich ebenso das genaue Gegenteil: der plötzliche Durchbruch zu einer wie auch immer gearteten anderen, dennoch halbwegs friedlichen Weltordnung, aber eben auch der totale Kollaps, neue Kriege und Handelskriege.

Ich schreibe jedoch kein Buch über den 45. Präsidenten der Vereinigten Staaten und seine Politik. Zum einen bin ich ihm nie persönlich begegnet und habe ihn auch zu wenig aus der Nähe erlebt, was dafür eine Voraussetzung wäre. Zum anderen ist Donald Trumps Handeln bereits von anderen Autoren zur Genüge ausgedeutet.

Aber hinter seiner medialen Omnipräsenz verschwinden jene Amerikaner, die ihn als Präsident unbedingt wollten und für ihn gestimmt haben. Dieses Buch widmet sich darum Trumps Wählern. Sie vor allem kommen ab S. 31 zu Wort, mal in einer Reportage, mal in Form einer Gesprächsaufzeichnung. Trumps Wähler erzählen, was sie beschäftigt und auf die Barrikaden treibt, wie sie leben, was ihnen Sorgen macht und insbesondere, was sie am 8. November 2016 dazu bewogen hat, ihr Kreuz bei Donald Trump zu machen.

Niemand weiß, was aus Trumps Präsidentschaft wird, auch in dieser Hinsicht scheint alles möglich: Zum Beispiel könnte ihm eine Anklage wegen etwaiger Russlandkontakte, etwaiger Finanzskandale oder unerlaubter Einmischung in die Unabhängigkeit der Justiz drohen. Es wäre auch ein vorzeitiges, abruptes Ende seiner Amtszeit denkbar, sofern Trump aus Wut und Frust das Handtuch wirft. Genauso gut jedoch kann es passieren, dass er bei der Wahl 2020 noch einmal antritt und wieder gewinnt.

Das Einzige, was sicher ist: Trumps Wähler werden bleiben, auch wenn der 45. Präsident der Vereinigten Staaten vielleicht schon morgen Geschichte sein sollte. Knapp 63 Millionen Menschen – das waren 46,01 Prozent aller Amerikaner, die gewählt haben, beziehungsweise 25,7 Prozent aller Wahlberechtigten – haben Donald Trump ihre Stimme gegeben. Sechzehn Monate später, Mitte Mai 2018, finden laut Umfragen immer noch über 40 Prozent der Amerikaner gut, was er macht und wie er regiert. Diese Wähler würden Donald Trump oder einen wie ihn jederzeit erneut wählen.

Der große Irrtum

Ich bekenne, ich habe mich gewaltig geirrt, ich habe Trumps Wahlsieg weder kommen sehen noch für möglich gehalten. Wie die meisten Beobachter teilte ich die durch viele Untersuchungen belegte vierfache demografische und politische Einschätzung: *Erstens* wird die Bevölkerung der Vereinigten Staaten immer bunter – und weniger weiß. Im Jahr 2044, rechnet der Demograf William Frey vor, werden die Weißen in der Minderheit sein und nur noch 49,7 Prozent der Amerikaner stellen. Die Mehrheit bilden dann gemeinsam die bisherigen Minderheiten, in erster Linie die Afroamerikaner, die Amerikaner mit lateinamerikanischen sowie asiatischen Wurzeln. Die *Native Americans*, die Ureinwohner der Vereinigten Staaten, machen hingegen nur noch ein knappes Prozent der Bevölkerung aus.

Zweitens: Da die weißen Amerikaner – im Gegensatz zu den Minderheiten – traditionell eher politisch konservativ sind, wird auch die Zahl konservativer Wähler mit der Zeit immer kleiner. *Drittens* verändern sich aber auch die weißen Wähler. Die jungen, die in den Städten leben und einen College-Abschluss haben, denken immer säkularer und sind politisch liberaler als ihre Eltern. Darum kann, *viertens*, eigentlich niemand mehr Präsident werden, der wie Trump fast ausschließlich auf weiße konservative Wähler setzt.

Im Prinzip stimmt das immer noch. Dafür gibt es sogar einen schlagenden Beweis: Der demografische, soziale und kulturelle Wandel Amerikas ermöglichte zweimal hintereinander die Wahl des ersten schwarzen Präsidenten, der obendrein ein liberaler Demokrat war. Für Barack Obama stimmten 2012 zwar nur 39 Prozent der weißen Wähler – und damit unterstützten den Sieger so wenige Weiße wie nie zuvor bei einer Präsidentschaftswahl. Aber Obama konnte das wettmachen mit den Stimmen der ethnischen Minderheiten: Etwa siebzig Prozent der Latinos und Asiaten sowie über neunzig Prozent der Schwarzen, die wählen gingen, machten ihr Kreuz bei Obama.

Und dennoch erhielt diese vorherrschende Wahltheorie am 8. November 2016 einen gewaltigen Dämpfer. Drastisch demonstrierten weiße Wähler, besonders jene in den Weiten des Mittleren Westens und des Nordostens, dass sie unter bestimmten Voraussetzungen immer noch Wahlen entscheiden können. Entgegen fast aller Voraussagen färbten sich in der Wahlnacht große Teile der amerikanischen Landkarte rot, in der Farbe der Republikaner: vom südlichen Florida bis hinauf zu den Großen Seen, entlang des Appalachen-Gebirges und des Mississippi River.

Amerikas weiße Wähler

Ein wichtiger Teil der Wahrheit lautet allerdings: Ohne das antiquierte Wahlsystem wäre Donald Trump nicht ins Weiße Haus eingezogen. Seine Gegnerin, die Demokratin Hillary Clinton, erhielt knapp drei Millionen Wählerstimmen mehr. Doch Präsident wird nach dem amerikanischen System nicht, wer die Mehrheit der Stimmen auf sich vereint, sondern, wer die Mehrheit der 538 Wahlleute für sich gewinnt. Und diesbezüglich hatte Trump die Nase vorn (siehe dazu das letzte Kapitel: Daten und Fakten).

Zu verdanken hat er diesen Sieg vor allem weißen Wählern, allen voran weißen Arbeitern, Farmern, Handwerkern und kleinen Gewerbetreibenden, die nicht auf ein College gegangen sind, sondern gleich nach der Schule einen Beruf erlernt haben. Die Amerikaner nennen sie *white blue-collar-workers*, in der deutschen Sprache wird das oft mit »kleine Leute« übersetzt.

Dieser Begriff aber ist ein wenig herablassend und paternalistisch. Er klingt nach dumm gebliebenen, nicht großge-wordenen Menschen, nach Spießigkeit und Gelsenkirchener Barock. Von der weißen Arbeiterschaft zu sprechen, würde allerdings auch nicht mehr passen, weil längst nicht alle *white blue-collar-workers* Arbeiter sind. Es gibt kein perfekt pas-sendes Wort. In diesem Buch wird darum weitgehend der amerikanische Begriff der *blue-collar-workers* verwendet, den ich manchmal, um nicht zu sperrig zu klingen, durch die »kleinen Leute« ersetze – aber nur in Anführungszeichen.

Die Betonung liegt dabei allerdings auf den »weißen« *blue-collar-workers*. Denn jene, die ebenfalls zu dieser so-zialen Schicht oder Gruppe zählen, aber eine andere Haut-farbe haben, stimmten überwiegend für Clinton. Die wei-ßen *blue-collar-workers* hingegen, die besonders zahlreich im Mittleren Westen und im Nordosten Amerikas leben, wählten zu aller Überraschung mit riesiger Mehrheit Trump. So wurden Staaten wie Ohio und Pennsylvania, Michigan, Iowa und Wisconsin, die 2008 und 2012 noch im Obama-Lager standen, umgedreht.

Wie konnten diese weißen *blue-collar-workers* von den Journalisten, Demoskopen und liberalen Denkfabriken der-art übersehen werden? Weder wohnen sie auf einem an-deren Planeten noch hatten sie sich all die Jahre in einen Schmollwinkel zurückgezogen. Im Gegenteil, sie hatten sich immer wieder deutlich zu Wort gemeldet. Einige sammelten sich ab 2009 in der neuen rechten Tea-Party-Bewegung, an-dere protestierten lautstark auf politischen Versammlungen kreuz und quer in Amerika.

Vor allem aber wiesen Dutzende von Meinungsumfragen auf die wachsende Wut der weißen *blue-collar-workers* hin. Viele empfinden die Globalisierung als Bedrohung, weshalb sie mit großem Unbehagen auf die demografischen, kul-turellen und sozialen Veränderungen blicken. Sie fürchten um ihr gewohntes Leben, ihre Identität – und ihre Stellung beziehungsweise ihre Macht in der Gesellschaft. Aus ihrer Sicht haben sie die Vereinigten Staaten aus der Taufe gehoben und großgemacht. »Es gibt eine lange Geschichte der Definition Amerikas als einer weißen christlichen Nation«, sagt Bill Galston von der Denkfabrik Brookings in der Hauptstadt Washington.

Wirklich geändert hat sich das demografische und kulturelle Gefüge erst Mitte des letzten Jahrhunderts. Zwischen 1920 und 1965 kamen vergleichsweise nur wenige Einwanderer in die USA – und wenn, waren sie zu neunzig Prozent weiß. Das Einwanderungsgesetz von 1965 beendete aber die Bevorzugung weißer, europäischer Immigranten.* Von nun an strömten Abermillionen Einwanderer aus Lateinamerika, aber auch viele aus Asien, der Karibik und Afrika in die USA. Diese neuen Immigranten waren zu neunzig Prozent nicht weiß.

Das Nachkriegsidyll, in dem sich die weißen Amerikaner behaglich eingerichtet hatten, ging Schritt für Schritt verloren. Immer mehr Mexikaner jobbten fortan als billige Arbeitskräfte in den Fabriken, in der Landwirtschaft und im Straßenbau. Und auch die weißen Städter teilten immer weniger die Wertvorstellungen und die Lebensweise des ländlichen Amerika. Viele weiße *blue-collar-workers*, die »kleinen Leute«, schreibt die Soziologin Arlie Russell Hochschild, fühlten sich heute als »Fremde im eigenen Land«. Trump habe das gespürt, ihnen eine Stimme gegeben und ihren Frust und Unmut ins Zentrum seines Wahlkampfs gerückt.

---

* Der Immigration and Naturalization Services Act von 1965 löste das Gesetz von 1924 ab, das die Einwanderung mit sehr niedrigen Quoten stark beschränkt und Immigranten aus Europa bevorzugt hatte. Ein großer Förderer der Öffnung von 1965 war der damalige demokratische Senator Edward Kennedy, ein Bruder des zwei Jahre zuvor ermordeten Präsidenten John F. Kennedy.

Mein amerikanischer Gastvater hätte Trump gewählt

Auch ich hätte diese Entfremdung stärker spüren müssen. Zwar wohne ich seit dem Herbst 2014 nicht mehr in den USA, doch in den Jahrzehnten davor bin ich auf meinen Reisen durch die Vereinigten Staaten zahlreichen Menschen begegnet, die mit dem dramatischen gesellschaftlichen Wandel hadern und wie Donald Trump denken. Ich habe mit ihnen diskutiert, sie interviewt und beschrieben. Einige sind zu guten Bekannten geworden. Aber mehr noch: Ich habe sogar vor längerer Zeit ein Jahr lang mitten unter ihnen gelebt.

1971 kam ich als 16-jähriger Austauschschüler zum ersten Mal nach Amerika, in den damals noch sehr weißen und sehr konservativen Bundesstaat Colorado am Rand der Rocky Mountains. Ich wohnte in einer konservativen, katholischen, weißen Gastfamilie, umgeben von konservativen, weißen Nachbarn. An meiner nagelneuen High School mit 2000 Schülern gab es keinen einzigen Afroamerikaner und nur eine Handvoll Schüler lateinamerikanischer Abstammung. Amerika führte damals Krieg in Vietnam, die Gesellschaft war, wie heute, politisch tief gespalten.

Mein Gastvater, ein großer, kräftiger Mann, war bis in die Haarspitzen Patriot und Nationalist. Alle nannten ihn bei seinem Spitznamen Butch. Er schleppte mich mit zu Militärparaden, und wenn die Nationalhymne gespielt wurde, hatte ich strammzustehen und die rechte Hand aufs Herz zu legen. Er fand, wie heute Trump, dass Amerika zu gutmütig sei und von anderen Ländern ständig ausgenutzt werde. Schon damals forderte Butch: »America first!« Er plädierte für wirtschaftlichen Protektionismus, für eine Mauer an der Grenze zu Mexiko, für ein starkes Militär und ein Jedermannsrecht auf Waffenbesitz, obwohl er selber privat nie ein Gewehr oder eine Pistole besaß. Wir stritten uns fast täglich, aber mochten uns persönlich sehr.

Mein Gastvater war dort aufgewachsen, wo die Mehrheit der Trump-Wähler zu Hause ist, im Mittleren Westen. Seine Heimat, ein winziger Ort namens Akron im Bundesstaat Iowa mit heute etwa 1500 Einwohnern, ist eine Gemeinschaft von Farmern, Handwerkern und kleinen Kaufleuten. Im Zentrum des Städtchens steht ein Opernhaus, 1905 erbaut, um ein bisschen europäisches Flair in die Einsamkeit der Korn- und Maisfelder zu bringen. Obwohl ihre Vorfahren einst aus Europa flohen, ist den Bewohnern ihre Herkunft bis heute wichtig; fast alle in Akron stammen von Europäern ab. Die Großeltern meines Gastvaters wanderten aus Skandinavien ein.

Nach der High School wurde Butch Soldat und kämpfte im Zweiten Weltkrieg in Asien gegen die Japaner. Als er zurückkehrte, wollte er wie alle seine Altersgenossen den Amerikanischen Traum leben. Das Glück schien zum Greifen nahe. Fürs College war kein Geld da, aber damals konnte man auch ohne einen weiterführenden Abschluss gut verdienen.

Butch wurde Handelsvertreter und verkaufte Schuhe. Er heiratete eine Frau aus Akron, sie bekamen zwei Töchter und zogen 1958 800 Kilometer weiter westlich nach Colorado. Butch nahm eine Hypothek auf und kaufte seiner Familie ein kleines Haus sowie einen Straßenkreuzer. Mittwochs gingen sie zur Beichte, sonntags zur Messe. Danach spielte Butch Golf. Nach außen schien alles perfekt.

Als ich 1971 meinen Gastvater kennenlernte, makelte er Versicherungen. Aber das Geschäft lief nach einer Weile schlecht, weshalb das Geld nur reichte, weil meine Gastmutter halbtags als Sekretärin dazuverdiente. Der Amerikanische Traum fiel anders aus, als es sich Butch vorgestellt hatte. Die Schuld gab er den gesellschaftlichen Veränderungen und den Politikern, die die »kleinen Leute« wie ihn aus den Augen verloren hätten. Mit den Jahren kam er immer schwerer mit dem Alltag zurecht, die Ehe scheiterte.

Oft erinnerte mich mein Gastvater an Archie Bunker, diesen bigotten, missmutigen, reaktionären Familienvater aus der Fernsehserie *All in the Family*, die in den siebziger Jahren ein Straßenfeger war. Manchmal hatte er aber auch Ähnlichkeit mit Willy Loman, der tragischen Figur in Arthur Millers Drama *Tod eines Handlungsreisenden*.

In der Tat hatte sich die Welt um Butch herum rasant und unaufhaltsam gewandelt. Als er aus dem Krieg heimkehrte, waren über 90 Prozent der amerikanischen Bevölkerung weiß, als er Ende 2016 starb, waren es nur noch rund 60 Prozent. Schwarze durften in seinen jungen Jahren nicht wählen und mussten auf separate Schulen gehen. Die Rassentrennung wurde – zumindest gesetzlich – erst Mitte der sechziger Jahre aufgehoben.

Als mein Gastvater nach Colorado zog, hing dort an manchen Restaurants noch ein Schild mit der Aufschrift: »Mexikaner und Hunde verboten!« Er fand das nicht unbedingt richtig, aber es störte ihn auch nicht, es war nun einmal so. Und die wenigen Mexikaner fielen damals nicht groß ins Gewicht.

Ein halbes Jahrhundert später, am Ende seines Lebens, war das anders. Jeder fünfte Einwohner von Colorado war inzwischen ein Latino, in der Straße, in der er einst sein Haus hatte, wurde mehr Spanisch als Englisch gesprochen – und Colorado, dieser einst durch und durch konservative Bundesstaat, stimmte zweimal für Obama.

Das allerdings störte Butch. Er war kein Rassist, aber für ihn war Amerika ein weißes, ein christliches – und ein europäisch geprägtes Land. Er sah sich plötzlich in die Minderheit geraten und fühlte sich zunehmend fremd. Hätte er nicht kurz vor der Wahl einen schweren Schlaganfall erlitten, mein Gastvater hätte Donald Trump gewählt. Zehn Tage nach dessen Sieg starb Butch.

Amerika ist schon immer ein Land mit unterschiedlichen

Lebensentwürfen. Gemäß der stark vereinfachten Vorstellung leben heute an den Küsten und in den Metropolen die eher aufgeklärten, weltoffenen Bürger, während das Hinterland den *Joes* gehört, den »kleinen Leuten« ohne Universitätsausbildung, bei denen Pistole und Bibel nebeneinander auf dem Nachttisch liegen.

Der amerikanische Schriftsteller Truman Capote beschrieb diesen *Joe* in den fünfziger und sechziger Jahren als einen patriotischen, gottesfürchtigen, hart arbeitenden, ehrlichen Familienmenschen, der sonntags in die Kirche geht, das Dankesgebet vor dem Essen spricht, gern mit dem Auto hinausfährt und mit dem Gewehr auf Krähen oder Blechbüchsen schießt. Dieser *Joe* weiß wenig von der Welt, aber er heißt andere willkommen, sofern sie so aussehen und so denken wie er. Menschen mit anderer Hautfarbe oder anderen Werten werden geduldet, solange sie sein weißes Amerika nicht stören.

Das Raster ist sehr grob, aber was daran richtig ist: Bei der Präsidentschaftswahl 2016 stimmten die Amerikaner an den Küsten und in den großen Städten für Hillary Clinton, aber die *Joes* im Hinterland brachten Trump an die Macht. Entsetzt wurde plötzlich gefragt, wie das geschehen konnte, warum man so wenig von den Menschen auf der anderen Seite des Grabens wusste. Einige setzten sich sogar am Tag nach der Wahl ins Auto und fuhren aufs Land, um nachzuschauen, wie diese *Joes* eigentlich leben. Von der Hauptstadt Washington ist es nicht weit bis nach West Virginia oder Pennsylvania.

Der tiefe Riss ist nicht neu, die Vereinigten Staaten von Amerika sind schon lange eher unvereinigte Staaten. Doch früher, bis in die siebziger, achtziger Jahre hinein, besaß die große Mehrheit quer durch das Land noch eine gemeinsame Identität, eine gemeinsame Herkunft, Geschichte, Kultur und Hautfarbe. Die Einwanderung und die wachsende Landflucht haben das radikal verändert.

Vor allem aber wohnen die meisten Amerikaner heute unter ihresgleichen und haben kaum noch Berührungspunkte mit Menschen, die anders denken und leben. In ihrem Buch *Fremd in ihrem Land* schreibt die Soziologin Arlie Russell Hochschild: »Wenn Amerikaner heute umziehen, tun sie es häufiger, um in der Nähe von Gleichgesinnten zu wohnen. Menschen schotten sich ab.« Wer einander nicht begegne, rede nicht miteinander und wisse darum nichts voneinander. Hochschild spricht von einer »Empathiemauer« zwischen Städtern und Landbewohnern, zwischen Liberalen und Konservativen.

Trump-Wähler gibt es überall – nicht nur in Amerika

Mein Gastvater war der erste *Joe*, den ich kennenlernte. Später, als Amerikakorrespondent (2007–2014), bin ich vielen weiteren begegnet. Sie leben in den Bergen West Virginias oder in den Ebenen Iowas, in den Wäldern von Kentucky oder zwischen den Hügeln im westlichen Wisconsin. Sie sind Bergarbeiter und Farmer, Lehrer und Handwerker, Pastoren und Professoren.

Viele von ihnen sind – wie es auch mein Gastvater war – keine Eiferer, sondern oft freundliche, sympathische Leute, bodenständig und rechtschaffen. Auch das möchte ich in diesem Buch zeigen. Sie haben mich mit offenen Armen empfangen, mich stolz herumgeführt, fürstlich bewirtet und mir ihr Herz ausgeschüttet. Es gibt keinen Grund, auf sie herabzusehen.

Ihre Überzeugungen und Weltbilder sind oft nicht besonders kohärent. Und natürlich haben manche ihrer Ansichten einen liberalen Großstädter wie mich verstört und bisweilen sogar tief erschreckt. Gleichwohl sind die meisten von ihnen, bei aller Unterschiedlichkeit, nicht Teil des rechten, radikalen Rands. Sie fühlen sich im Stich gelassen, abgehängt, diskriminiert, unverstanden – und ungehört.

Allerdings bin ich auf meinen Reisen in das weiße Amerika auch Fanatikern begegnet, verblendeten Ideologen und selbst gefährlichen, militanten Rassisten, die ebenfalls in diesem Buch vorkommen. Denn obgleich sie nur eine sehr kleine Gruppe sind, üben sie beträchtlichen Einfluss auf Trump und sein Umfeld aus.

Und noch etwas ist mir wichtig: Diese große Bandbreite an konservativen, rechten bis rechtsextremen Menschen findet man nicht nur in der Trump-Wählerschaft, sondern ebenso in den rechtspopulistischen Parteien Europas: etwa in der deutschen AfD und der österreichischen FPÖ, in der italienischen Lega Nord und im französischen Front National, der jetzt Rassemblement National heißt, in der polnischen PiS wie in der norwegischen Fortschrittspartei.

In Europa, vor allem in Deutschland, wird gerne voller Herablassung auf Trumps Amerika geschaut und so getan, als sei das eine ferne, unbegreifliche Welt, die sich jeglichem transatlantischen Analogieschluss entziehe. Dabei gibt es ungeachtet aller nationalen, kulturellen und politischen Unterschiede einen gemeinsamen Megatrend: In Europa sehen sich ebenso viele Menschen als Opfer der Globalisierung und Digitalisierung. Auch auf dem Alten Kontinent wachsen die Gegensätze zwischen Provinz und Metropole, zwischen Zugewanderten und Alteingesessenen dramatisch. Davon profitieren die Rechtspopulisten, die mancherorts in Europa bereits an der Macht sind.

Im Frühjahr 2018 regieren sie nicht nur in Ungarn und Polen allein, sondern sind auch Koalitionspartner in Österreich und Norwegen. Die deutsche AfD kam bei der Bundestagswahl 2017 auf knapp 13 Prozent und damit auf den dritten Platz hinter CDU/CSU und SPD. In Sachsen wurde sie bei dieser Wahl sogar zur stärksten und in den anderen vier Neuen Bundesländern jeweils zur zweitstärksten Kraft.

In Deutschland wird im Frühjahr 2018 über ein Kopftuchverbot gestritten, und der neue Bundesinnenminister Horst Seehofer sagt, der Islam gehöre nicht zu Deutschland, obwohl inzwischen mehr als fünf Prozent der Bevölkerung Muslime sind.

Ungarns Premierminister Viktor Orbán wird im April 2018 vor allem deshalb wiedergewählt, weil er Europas weißes, christliches Erbe beschwört und keine Flüchtlinge, ganz zu schweigen von Muslimen, ins Land lässt. »Wir wollen nicht«, wettert er im Wahlkampf, »dass unsere Hautfarbe mit der von anderen gemischt wird.« Und der 35-jährige Niederländer Thierry Baudet, ein neuer Star unter Europas Rechtspopulisten, begeistert seine rasant wachsende Anhängerschar mit Hymnen auf den Nationalismus sowie Tiraden gegen »Masseneinwanderung« und »übermächtige linksliberale Eliten«, die sich nur noch für Ausländer, Schwule und eine dritte Toilette für Transgendermenschen interessieren würden. So reden beziehungsweise denken auch Trump und viele seiner Wähler.

»Looking Forward to the Past«

Die große Mehrheit der weißen *blue-collar-workers* wünscht sich laut Umfragen die 1950er und 1960er Jahre zurück. In ihren Augen war das die beste Zeit, denn damals hatten weiße, christliche Amerikaner noch das Sagen. Es herrschten Anstand und Moral, und die »kleinen Leute« konnten den Amerikanischen Traum leben. Trump warb mit dem Vorhaben, dieses Amerika zurückzuholen.

Es ist das Versprechen einer Scheinwelt, in der vorgeblich alles seine gute Ordnung hatte. »Die wirkliche Welt ist zu groß, zu komplex und zu sehr im Fluss befindlich, um Menschen direkt zugänglich zu sein«, schrieb Walter Lippmann in seinem Buch *Public Opinion*, das 1922 erschien. Im Frühjahr 2018 rockt der australische Countrysänger Rodney Crowell Amerikas Konzertsäle. Sein neuester Song, der alle so begeistert, heißt *Looking Forward to the Past,* ›ich freue mich auf die Vergangenheit‹.

In diesen Refrain würden die meisten Trump-Wähler einstimmen, denen ich im Laufe der vergangenen elf Jahre begegnet bin und die ich in diesem Buch vorstelle. Doch bevor sie zu Wort kommen, schicke ich noch ein kurzes Kapitel mit einigen Grunderkenntnissen über diese Wählergruppe voraus. So lassen sich die anschließenden Erzählungen und Biografien besser einordnen.

Drei wichtige Erkenntnisse über Trump-Wähler

Die *Joes* des Mittleren Westens sind nicht alle aus demselben Holz geschnitzt

Trump-Wähler werden gerne über einen Kamm geschoren. Doch die vielen weißen *Joes* sind durchaus unterschiedliche Typen, so wie sie auch unterschiedliche Gründe hatten, für Trump zu stimmen. Dass sich weiße Amerikaner in ihren Haltungen und Traditionen sehr unterscheiden, hat David Hackett Fischer in seinem fast tausendseitigen Buch *Albion's Seed* schon allein für vier Einwanderungsgruppen aus Großbritannien eindrucksvoll ausgeführt.

Die umfangreichste und detaillierteste Untersuchung über Trump-Wähler stammt von Emily Ekins, Leiterin der Meinungsforschungsabteilung der renommierten libertären Washingtoner Denkfabrik Cato. Sie hat 8000 Trump-Wähler befragt und sie danach in fünf Gruppen unterteilt. Ekins' Typologie ist inzwischen zum Maßstab geworden, auf den sich viele wissenschaftliche Studien beziehen.

Die größte Gruppe, rund ein Drittel aller Trump-Wähler, nennt Ekins die »eisernen, standfesten Konservativen«. Das sind überwiegend langjährige Republikaner. Donald Trump war beileibe nicht ihr Favorit, in den Vorwahlen bevorzugten sie andere der insgesamt 17 republikanischen Präsidentschaftskandidaten. In ihren Augen ist Trump, dieser schillernde und politisch unerfahrene Immobilienmogul, der auch ab und zu für die Demokraten gespendet und früher kein Problem mit dem Recht auf Abtreibung hatte, kein eingefleischter Konservativer, sondern politisch und ideologisch höchst unzuverlässig.

Viele störten sich außerdem an seinem rüpelhaften Stil und der rabiaten Sprache. Darum blieb lange unklar, ob nicht etliche dieser »standfesten Konservativen« der Wahl lieber fernbleiben würden. Dann aber machten sie doch ihr Kreuz bei Trump, weil sie ja als gute Staatsbürger stets wählen gehen und außerdem schon immer, wenn auch bisweilen mit gerümpfter Nase, für republikanische Präsidentschaftskandidaten gestimmt haben. Besonders wichtig sind diesen Trump-Wählern christliche Werte, die Berufung konservativer Richter, eine sparsame Haushaltspolitik, ein starkes Militär, die Verteidigung des Rechts auf Waffenbesitz und eine strenge Einwanderungskontrolle.

Die zweite Gruppe ist die der »freien Marktwirtschaftler«. Sie gab Trump den Vorzug, weil sie um jeden Preis einen Sieg der Demokratin Hillary Clinton verhindern wollte. Diese Wähler befürchteten nämlich, eine Präsidentin Clinton würde Steuererhöhungen veranlassen, die Ausgaben für Sozialhilfe und die allgemeine Wohlfahrt steigern sowie die Gewerkschaftsrechte stärken. Sie haderten zwar auch mit einigen von Trumps Schlüsselvorhaben, denn als freie Marktwirtschaftler sind sie gegen Schutzzölle, für einen möglichst uneingeschränkten Freihandel und für Einwanderung. Darum stößt der Bau einer Mauer an der Grenze zu Mexiko bei ihnen auf große Skepsis. Doch am Ende war Trump im Vergleich mit Clinton für sie das kleinere Übel.

Zwei weitere Gruppen in Ekins' Typologie heißen »Anti-Elitäre« (19 Prozent der Trump-Wähler) und »Freischwebende« (5 Prozent). Letztere haben mit allen vorigen Wählerkategorien gewisse Gemeinsamkeiten und lassen sich darum inhaltlich nicht richtig einordnen. Beide Gruppen wollten Trump, weil er ein politischer Außenseiter war und als ein *disrupter*, ein Störer auftritt. Ihnen gefällt, dass Trump nicht aus Washington kommt, dass er nicht dem republikanischen Establishment angehört und dass er versprochen hat, in der Hauptstadt kräftig aufzuräumen und den »politischen Sumpf« auszutrocknen.

Die fünfte und letzte Gruppe, etwa ein Fünftel aller Trump-Wähler, sind die sogenannten »Bewahrer«. Emily Ekins nennt sie die *preservationists*, denn sie wollen Amerikas weißes, christliches und europäisches Erbe schützen und lehnen den demografischen und kulturellen Wandel ab. Es sind jene Menschen, die sich als Weiße zunehmend diskriminiert und fremd fühlen.

Diese »Bewahrer« wollen unbedingt eine hohe Mauer am Rio Grande und eine absolut restriktive Einwanderungspolitik. Sie haben auch klare Vorstellungen davon, wer ein »richtiger Amerikaner« ist. Dazu zählen nur jene, die in Amerika geboren wurden und dem christlichen Glauben angehören – und die außerdem möglichst europäischer Abstammung und weiß sind. Laut Ekins waren sie bei der Präsidentschaftswahl 2016 in vielen Staaten des Mittleren Westens das Zünglein an der Waage. Sie sind allerdings traditionell keine in der Wolle gefärbten Republikaner, sondern neigen in Wirtschaftsfragen eher den Demokraten zu. Die »Bewahrer« wünschen sich zum Beispiel eine höhere Besteuerung der Reichen sowie staatliche Leistungen, falls sie arbeitslos oder krank werden sollten.

Viele »Bewahrer« wählten darum 2008 und 2012 Barack Obama. Zu Trump liefen sie im November 2016 eigentlich nur aus einem einzigen Grund über: Weil er Immigranten draußen halten sowie bereits illegal in den USA lebende Einwanderer aufspüren und außer Landes schaffen will. In Trump sehen sie den Retter der weißen, christlichen Kultur und Vorherrschaft.

Es geht nicht um die Wirtschaft, sondern um die Identität

In den ersten Wochen nach Trumps Sieg hieß es, vor allem die Unzufriedenheit über die Wirtschaftslage hätte Trump den Sieg verschafft, insbesondere in den maroden Industrie-, Stahl- und Kohlegebieten des Mittleren Westens. Die allgemeine Devise lautete wie schon 1992 im Wahlkampf Bill Clintons: »It's the economy, stupid!«

Zum Teil ist das auch richtig: Die Schließung von Kohleminen und Stahlküchen, die Verlagerung von Produktionsstätten nach Mexiko und China trifft Menschen in West Virginia und Ohio, in Pennsylvania und Michigan besonders hart.

Ebenso stimmt es, dass viele Amerikaner, die zur gesellschaftlichen Mittelschicht zählen, in den vergangenen fünfzehn oder zwanzig Jahren reale Einkommensverluste hinnehmen mussten. Die Löhne wuchsen nicht mit den steigenden Ausgaben für den Lebensunterhalt, für die Ausbildung der Kinder und die Gesundheitsversorgung. Die Kluft zwischen den starken, reichen Metropolen und dem siechen Hinterland wurde immer größer. Die Menschen in den Weiten des Mittleren Westens, im sogenannten *fly-over country*, das Amerikaner aus den größeren Städten der Ost- und Westküste nur vom Flugzeug aus kennen, fühlten sich übersehen und abgehängt.

Das alles hat zwar bei der Trump-Wahl eine Rolle gespielt, aber sämtliche Untersuchungen zeigen: Nicht wirtschaftliche, sondern kulturelle und soziale Ängste waren der Hauptgrund dafür, dass die Republikaner gewannen. Viele Weiße wie etwa die »Bewahrer« befürchten den Verlust ihrer Identität. Deshalb stimmten sie für Trump, weil er das zum Thema machte und ins Zentrum seines Wahlkampfs rückte.

»Wie kein Zweiter konnte Trump aus diesen Ängsten politisches Kapital schlagen«, sagt Bill Galston von der Washingtoner Denkfabrik Brookings, der in den neunziger Jahren innenpolitischer Berater des demokratischen Präsidenten Bill Clinton war. Trump habe die Sprache der »kleinen Leute« gesprochen, daher hätten sie sich nach langer Zeit endlich einmal wieder verstanden und ernstgenommen gefühlt. »Obgleich ein milliardenschwerer Immobilienmogul«, erklärt Galston, »war Trump für die weißen *blue-collar-workers* kein elitärer Politiker aus Washington, sondern ein bodenständiger, hemdsärmeliger Kerl – ein Arbeiterpräsident.«

Auch ein paar Zahlen belegen, dass nicht in erster Linie wirtschaftliche Sorgen dominierten. Wähler, die finanziell kaum über die Runden kommen, bevorzugten eher die Demokratin Clinton, Trump-Unterstützern hingegen geht es ökonomisch relativ gut. Das hat der amerikanische Datenguru Nate Silver herausgefunden, ein ausgewiesener Statistikexperte, der die renommierte Nachrichtenwebsite *FiveThirtyEight* betreibt. Demnach betrug im November 2016 das durchschnittliche Jahreseinkommen eines Trump-Wählers rund 72 000 Dollar – und lag damit um 10 000 Dollar über dem, was eine durchschnittliche weiße amerikanische Familie verdient.

Es gibt allerdings ein Thema, das fast allen Trump-Wählern, auch vier der fünf Typen von Emily Ekins, gleichermaßen Sorgen macht: Einwanderung, vor allem der dadurch verursachte demografische Wandel. Ob die Meinungsforschungsinstitute Pew oder Gallup, ob eher konservative Denkfabriken wie das American Enterprise Institute und Cato oder eher liberale oder linke wie Brookings und das Center for American Progress – ihr Fazit der Präsidentschaftswahl 2016 lautet übereinstimmend: *identity trumps economy* - die Identität übertrumpft die Ökonomie.

Kaum jemand hat darüber und über die Attraktivität rechter Populisten so viel geforscht und geschrieben wie Pippa

Norris. Die Politikwissenschaftlerin lehrt an der amerikanischen Universität Harvard sowie im australischen Sydney. In einem Gespräch mit dem Magazin *The Atlantic* legt sie den Finger in die Wunde: Die große Mehrheit der Amerikaner, sagt sie, sei vor nicht langer Zeit weiß, christlich und in ihren Moralvorstellungen eher konservativ gewesen. Abtreibungen waren verboten, und niemand dachte auch nur im Traum daran, dass eines Tages ein Mann einen Mann oder eine Frau eine Frau heiraten dürfe.

»Wir stehen an einem Wendepunkt«, sagt Norris in diesem Interview, »die Werte der einstigen Mehrheit sind heute die Werte einer Minderheit.« Es finde eine Art Bevölkerungsaustausch statt, eine neue multikulturelle Generation mit ganz eigenen Werten wachse heran und übernehme die Macht. Jene, die es gewohnt gewesen seien, die Regeln zu diktieren, fühlten sich nun als Verlierer und an den Rand gedrängt. Dadurch habe sich enormer Frust und gewaltige Wut aufgestaut. Diese »Verlierer«, so Norris, seien oft etwas älter, meist weiß und männlich, hätten kein College besucht und lebten jenseits der Metropolen. Für sie sei Trump wie ein Erlöser.

Aus der Sicht seiner Wähler hält Trump Wort

Die Umfragen im Frühjahr 2018 zeigen, dass die meisten, die 2016 für Trump waren, ihn wieder wählen würden. Denn in ihren Augen hat er Wort gehalten und mehr erreicht als die Präsidenten vor ihm. In der Tat findet fast jeder Trump-Wähler ein erfülltes Versprechen, das ihm persönlich gefällt und wichtig ist: Der Präsident hat ein Einreiseverbot für Staatsangehörige einer Reihe muslimischer Länder erlassen, er forciert die Entdeckung sowie Abschiebung illegaler Einwanderer und bereitet den Bau der Mauer zu Mexiko vor.

Trump gibt mehr Geld fürs Militär aus als sein Vorgänger im Weißen Haus und legt sich – auch im Gegensatz zu Barack Obama – mit Freund wie Feind an. Trump ist aus dem Atomvertrag mit dem Iran ebenso ausgestiegen wie aus dem Pariser Klimaschutzabkommen. Zudem hat er, was seine evangelikalen Unterstützer besonders bejubeln, Amerikas Botschaft in Israel von Tel Aviv nach Jerusalem verlegt.

Im Mittleren Westen eröffnet der Präsident hier eine einst geschlossene Kohlemine und dort ein Stahlwerk wieder, er dekretiert Schutzzölle und streitet sich deshalb – ganz im Geiste des »America first!« – mit Chinesen, Europäern und Mexikanern. Für die Reichen und die »freien Marktwirtschaftler« hat er eine kräftige Steuersenkung durch den Kongress geboxt. Und die spült nicht nur den Millionären mehr Dollar in die Kasse, sondern kommt auch etlichen »kleinen Leuten« zugute – und sei es auf indirektem Weg, wenn die Supermarktkette Walmart als Dankeschön für Trumps Steuergeschenk den Stundenlohn ihrer Mitarbeiter erhöht.

Für viele Anhänger ist ebenso wichtig, dass Trump in seinem ersten Amtsjahr Dutzende von konservativen Bundesrichtern ernannt hat. Nun hoffen viele Republikaner, dass bald Schluss sein wird mit den einwanderungs-, umwelt- und genderfreundlichen Entscheidungen der aus ihrer Sicht mehrheitlich »linken« Richterschar.

»Wir brauchen eine Mauer!« (Mona Kilborn, Iowa)

Vorspann

Mexiko habe »nicht seine Besten« nach Amerika geschickt, wetterte Donald Trump im Wahlkampf 2016, sondern die Problembeladenen. »Sie bringen uns Drogen. Sie bringen uns Kriminalität. Sie sind Vergewaltiger.«

Die meisten seiner Anhänger feierten diese unzweifelhaft rassistischen Worte mit großer Begeisterung. Aber auch viele, denen diese Sprache zu rabiat ist, wählten ihn. Denn auch sie wollen der illegalen Einwanderung aus dem Süden einen Riegel vorschieben. Der Brookings-Mann Bill Galston spricht von einer dreifachen Angst der weißen *blue-collar-workers*. Sie fürchteten sich vor Verdrängung auf dem Arbeitsmarkt, vor Kriminalität und kulturellem Wandel.

Einwanderer aus Lateinamerika, die meisten von ihnen aus Mexiko, sind heute die größte Minderheit in den Vereinigten Staaten: Die mindestens 45 Millionen Menschen entsprechen 14 Prozent der Bevölkerung. Sie werden Latinos oder Hispanics genannt. Einige von ihnen leben schon seit Hunderten von Jahren auf dem Gebiet der heutigen USA und waren längst dort, bevor sich die ersten weißen Siedler niederließen. Die allermeisten überquerten allerdings erst nach 1965 den Rio Grande nach Norden. Das war das Jahr, in dem der Kongress in Washington die Einwanderungsgesetze änderte und die Bevorzugung europäischer Immigranten aufhob.

Laut der letzten Volkszählung kamen zwischen Juli 2008 und Juli 2009 auf einen verstorbenen Latino knapp neun Babys mit lateinamerikanischen Wurzeln, auf einen toten Weißen kam aber nur ein weißes Baby. »Amerika wird braun«, schreibt der Journalist und Stadtforscher Joel Kotkin in seinem Buch *The Next Hundred Million. America in 2050.*

Etwa elf Millionen Latinos sollen illegal in den USA leben. Zum Ärger vieler Konservativer werden sie offiziell aber meist nicht als »Illegale« bezeichnet, sondern als *undocumented*, als Migranten ohne Ausweis- und Aufenthaltsdokumente. Elf Millionen – das ist aber nur eine grobe Schätzung. Exakte Zahlen existieren nicht, was in erster Linie daran liegt, dass es in den Vereinigten Staaten keine Meldepflicht und darum auch kein Melderegister gibt. Amerika ist ein sehr föderal geprägter Staat, die einzelnen Bundesländer haben weitreichende Rechte, sodass ein Durchgriff des Präsidenten kaum möglich ist. Folglich gehen die 50 Bundesstaaten und selbst die einzelnen Bezirke, Gemeinden und Städte höchst unterschiedlich mit dem Phänomen der illegalen Einwanderung um. Während die Trump-Regierung in Washington eine restriktive Politik verlangt, drückt man auf den unteren Ebenen, dort wo die Menschen ohne Aufenthaltserlaubnis leben und arbeiten, oft eher beide Augen zu. Einige Städte weigern sich, illegale Einwanderer aufzuspüren, und erklären sich zu *sanctuary cities*, zu Schutzzonen für diese.

Es ist jedenfalls nicht besonders schwierig, als Illegaler ein ganz normales Leben mit Arbeit, Haus, Auto und Familie zu führen. Das geht jedenfalls solange gut, bis man erwischt wird. Und selbst wenn es auffliegt, hat das nicht überall Konsequenzen. Um eine Arbeitsstelle anzutreten, muss man zum Beispiel, wenn überhaupt, nur seinen Führerschein und eine Sozialversicherungsnummer als Identitätsausweis vorlegen. Es existiert ein schwunghafter Handel mit gefälschten Papieren. Wer krank wird und keine Versicherung hat, lässt sich in der Notaufnahme einer Klinik behandeln. Und für die Anmeldung der Kinder in der Schule reicht als Wohnsitznachweis oft die Adresse auf der Stromrechnung.

Auf Latinos trifft man heutzutage fast überall in den Vereinigten Staaten, auch in Iowa im Mittleren Westen. Die etwa drei Millionen Einwohner sind zu 93 Prozent weiß,

Iowa ist einer der weißesten Bundesstaaten Amerikas. Aber auch dort gibt es Gegenden, in denen inzwischen jeder Dritte ein Latino ist. Zum Beispiel in Marshalltown, einer kleinen Stadt mit knapp 30 000 Einwohnern. Dort traf ich den illegalen Einwanderer Miguel Rodriguez aus Mexiko, der in Wirklichkeit anders heißt, und Mona Kilborn, eine gelernte Krankenschwester, die sich dem Kampf gegen unerlaubte Einwanderung verschrieben hat und vor allem deshalb Donald Trump wählte.

Besuch bei Miguel Rodriguez und Mona Kilborn

Immer wenn der Name Donald Trump fällt, springt Miguel Rodriguez auf und läuft nervös im Wohnzimmer umher. Der Präsident macht ihm Angst. Schließlich lässt Trump an der Grenze zu Mexiko eine Mauer bauen. Auf seinen Befehl hin führt die Bundespolizei immer öfter Razzien in Amerikas Fabriken durch, um illegalen Einwanderern auf die Spur zu kommen. Trump drängt die Bundesstaaten, auf den Straßen verstärkt Personen zu kontrollieren, bei denen ein Verdacht auf unerlaubten Aufenthalt besteht. Wer sich nicht ausweisen kann, dem drohen Verhaftung und Deportation.

Die Mehrheit der Amerikaner findet das richtig. Trumps unnachgiebige Haltung in Sachen Einwanderung ist ein Grund, warum er zum Präsidenten gewählt wurde. Die meisten Umfragen sagen, es war sogar der wichtigste Grund.

Miguel fürchtet nun, dass die Stadt Marshalltown andere Saiten aufziehen könnte. Denn auch dort, wo er lebt, gibt es immer mehr Leute, die sagen, für Illegale sei kein Platz in Amerika. Zweimal haben die drei Millionen Einwohner von Iowa mehrheitlich für Barack Obama gestimmt – und auch die Leute aus Marshalltown wählten den ersten schwarzen

Präsidenten. Doch am 8. November 2016 entschieden sich Iowa wie Marshalltown für Trump.

»Illegal, illegal, was heißt hier eigentlich illegal?«, schimpft der 30-jährige Miguel Rodriguez. Als er elf war, sein Vater war gerade gestorben, da stieg die Mutter mit ihm und seinen Geschwistern an einem warmen Sommertag 1999 in der mexikanischen Stadt Villachuato in einen Bus nach Norden.

Irgendwann in der Nacht nahm sie ein fremder Mann in Empfang und lief mit ihnen zehn Stunden lang bergauf und bergab. Bei Sonnenaufgang erreichten sie eine kleine Steinhütte, und der Mann sagte: »Das ist Amerika!« Die Mutter rief: »Kinder, ab jetzt wird alles besser!« In Phoenix, der Hauptstadt des US-Bundesstaates Arizona, erwartete sie ein Onkel und fuhr mit ihnen 2000 Kilometer weiter in den Nordosten der Vereinigten Staaten, in das von Korn- und Maisfeldern umsäumte Städtchen Marshalltown im Zentrum von Iowa.

Dort lebt Miguel nun seit 19 Jahren ohne Aufenthaltspapiere, aber unbehelligt, ebenso wie seine Lebenspartnerin Carmen und die vier Kinder. Er ging zur Schule und brach sie mit 17 Jahren ab, weil Carmen schwanger wurde. In einer großen Pizzeria verdingte er sich als Tellerwäscher und brachte es dank seines Talents erst zum Chefkoch, dann zum stellvertretenden Manager. Die Rodriguez bewohnen ein schmuckes weißes Holzhaus in einer adretten kleinen Straße. Vor dem kurzgestutzten Rasen stehen zwei blankpolierte Autos, ein schwarzer Pick-up-Truck und ein grauer Viertürer. Die zwei jüngsten Kinder besuchen die zweisprachige Grundschule.

Miguel lebt den Amerikanischen Traum. Es ist eine Geschichte wie aus dem Bilderbuch der Einwanderung, wäre da nicht dieser kleine Schönheitsfehler. Von Rechts wegen dürfte der Mexikaner nicht in Marshalltown, nicht in Iowa, nicht in den Vereinigten Staaten von Amerika sein. Und Arbeit hat er nur, weil er sich wie so viele Illegale auf dem

Schwarzmarkt einen gefälschten Führerschein und eine Sozialversicherungsnummer kaufte – die Eintrittskarte ins Berufsleben!

»Aber was heißt hier illegal?«, sagt er. »Ich arbeite und zahle Steuern, unsere Kinder kamen in Marshalltown zur Welt und sind seit ihrer Geburt Amerikaner. Wir liegen keinem auf der Tasche – ist das nicht genug?«

Vier Kilometer von Miguel entfernt, an einer Schotterstraße am Rande von Marshalltown, sitzt Mona Kilborn in ihrem von Bäumen umsäumten Landhaus und sagt: »Das reicht nicht, illegal ist illegal! Wer in unserem Land unerlaubt lebt, hat hier nichts zu suchen. Der muss wieder weg.« Deshalb hat die 69-jährige Krankenschwester Donald Trump gewählt, »denn er hat versprochen, das Recht durchzusetzen und die Einwanderung stark zu begrenzen.«

Mona Kilborn kam in Iowa zur Welt und wuchs dort auf, ganz in der Nähe von Marshalltown. Mit ihrem Mann, der früher bei der Luftwaffe war, zog sie später mehrmals um. Doch 1975 waren die Kilborns das Vagabundenleben satt und wollten dort sesshaft werden, wo sie sich immer am wohlsten gefühlt hatten, im Mittleren Westen, in Iowa. Sie bauten sich in Marshalltown ein Haus, fanden gute Jobs und gründeten eine Familie. »Iowa, das war unser Amerika«, sagt Mona Kilborn.

Doch Marshalltown veränderte sich und wurde ihr immer fremder. Mitte der neunziger Jahre zogen die ersten Latinos in die Stadt, quasi über Nacht. Der Fleischwarenkonzern Swift hatte den örtlichen Schlachthof übernommen und brauchte dringend ein paar Hundert kräftige Männer. Amerikaner waren für diese harte Arbeit nicht zu gewinnen. Schlachten ist ein brutales Geschäft zu einem Hungerlohn. In den Hallen ist es abwechselnd brütend heiß und bitterkalt. Die Verletzungsgefahr ist groß, und es stinkt erbärmlich.

Also wurden Mexikaner angeworben. Einige zogen in die Hütten neben der Fabrik, andere in leerstehende Häuser in der Stadt. An den Wochenenden langweilten sie sich und tranken viel Alkohol. Es gab Ärger. 1996 bekam das FBI einen Hinweis aus der Bevölkerung, dass die Fleischfabrik illegale Einwanderer beschäftige. Die Bundespolizei rückte an, verhaftete Hunderte und deportierte sie in Bussen zurück nach Mexiko. Einige Bürger aus Marshalltown, auch Mona Kilborn, applaudierten.

Doch der Schlachthof brauchte dringend Arbeiter. Schnell kamen neue Mexikaner. Diesmal aber brachten sie Frauen und Kinder mit. Wieder gab es Reibereien, Nachbarn beschwerten sich über Lärm, Unkraut auf dem Rasen und Müll in den Garageneinfahrten. Auf Versammlungen flogen die Fetzen, weiße Eltern beklagten das sinkende Niveau im Englischunterricht und schulten ihre Kinder in Nachbargemeinden ein. Einige wütende Bürger zogen mit Fackeln durch Marshalltown. Swift aber baute den Schlachthof weiter aus, und andere Unternehmen suchten ebenfalls händeringend Arbeitskräfte. Weitere Latinos zogen nach, legal wie illegal.

Der damalige Bürgermeister Gene Beach, ein rundlicher Mann mit dem Temperament eines gemütlichen Ackergauls, sagte: »Ich weiß, wir würden uns Marshalltown lieber anders wünschen, aber wir können das Rad der Geschichte nicht zurückdrehen. Die Latinos werden bleiben, lasst uns das Beste daraus machen!« Und sie blieben tatsächlich.

Das größte Restaurant auf der kurzen Hauptstraße, ein Bekleidungsgeschäft, die Bäckerei um die Ecke, die Kneipen und Lebensmittelgeschäfte rund um das Bürgermeisteramt, die Autowerkstatt hinterm Gericht – sie alle sind fest in mexikanischer Hand. In Marshalltown lassen sich Amerikas dramatische demografische Veränderungen wie in einem Reagenzglas bestaunen.

Mona Kilborn sah das mit wachsendem Unbehagen und steigender Wut. Zudem stellte ein schwerer Unfall vor elf Jahren ihr Leben auf den Kopf und machte aus ihr eine hartbeinige Kämpferin gegen illegale Einwanderung. Am Dienstag, dem 10. Juli 2007, war sie nachmittags auf dem Weg zu Freunden. Ihr Mann steuerte den Minivan, Mona Kilborn saß auf dem Beifahrersitz, auf der Mittelbank hatten ihre Mutter und ihr Stiefvater Platz genommen, ganz hinten saß das 17-jährige Pflegekind. Die Kilborns fuhren auf einer Vorfahrtsstraße und passierten gerade eine Kreuzung, als plötzlich von links mit hoher Geschwindigkeit ein anderes Auto heranrauschte und mit voller Wucht auf die Fahrerseite des Minivans prallte.

Es gab einen gewaltigen Knall, der Minivan überschlug sich und blieb auf der anderen Straßenseite stehen. Für einen kurzen Moment verlor Mona Kilborn das Bewusstsein. Als sie aufwachte, waren ihre Mutter tot, ihr Mann und ihr Stiefvater schwerverletzt.

Die Unfallfahrerin, die unversehrt blieb, hatte zwei Stoppschilder übersehen. Sie war 23 Jahre alt, besaß einen gefälschten Führerschein – und war eine illegale Einwanderin aus Mexiko. Wie Mona Kilborn später erfuhr, war sie bereits vorbestraft, wegen Handels mit der Droge Crystal Meth und der Gefährdung des Kindeswohls. Sie war mit einem Mexikaner verheiratet, mit dem sie vier Kinder hatte. Ende 2007 wurde sie deportiert, kam aber bald illegal wieder, wurde abermals deportiert und kehrte erneut in die USA zurück.

Für Kilborn ist dieses Hin und Her die Folge viel zu laxer Gesetze und nachlässiger Grenzkontrollen. Denn für sie steht fest: Das größte Übel Amerikas sind die illegalen Einwanderer. Wären sie nicht im Land, so Kilborns Schlussfolgerung, wäre ihre Mutter noch am Leben, hätte ihr Mann nicht seinen Rücken gebrochen und wäre ihr Stiefvater nicht Witwer geworden.

Kilborn sagt: »Wir müssen uns schützen. Wir brauchen eine Mauer! Die Illegalen müssen Amerika verlassen.« Das forderte sie im Kongress, bei einer Anhörung zum Thema unerlaubte Einwanderung. Das sagte sie in Radio- und Fernsehinterviews, auch beim ultrarechten Sender Breitbart News. Das schrieb sie in Leserbriefen an die örtliche Zeitung *Times-Republican*. »Ohne die vielen Einwanderer aus Lateinamerika«, glaubt Kilborn, »wäre unser Land besser dran.«

Andere in Amerika machen eine andere Rechnung auf. Das renommierte Migration Policy Institute (MPI) in Washington weist in seinen Studien darauf hin, dass nicht nur die legalen Einwanderer eine bedeutende Wirtschaftskraft seien, sondern ebenso die etwa elf Millionen illegalen Immigranten, die als Kinderfrauen, Gärtner, Klempner, Anstreicher, Küchenpersonal arbeiten. Ganze Branchen leben von ihnen, dem Institut zufolge werden Milliarden von Dollar dabei umgesetzt. Und selbst in Zeiten hoher Arbeitslosigkeit nähmen Illegale nur selten alteingesessenen Amerikanern den Job weg. Meist machten sie sich in Berufen breit, die Einheimische nicht attraktiv finden.

Das sehen auch viele in Marshalltown so. Ohne die Latinos – selbst die Illegalen unter ihnen – wäre es schlecht um die örtliche Wirtschaft bestellt, sagt der Chef der örtlichen Handelskammer. Das gelte gerade jetzt, da die Stadt wieder boome, der Schlachthof ein neues Kühlhaus baue, eine neue Hightech-Firma sich niedergelassen habe und das Krankenhaus dringend Pflege- und Reinigungskräfte suche. »Wir waren eine schrumpfende Stadt«, sagt Bürgermeister Joel Greer, ein Demokrat, »ohne Einwanderer könnten wir dichtmachen.« Und: »Irgendwann sind doch alle Amerikaner mal eingewandert.«

Mona Kilborn ist da völlig anderer Meinung. Wie Trump findet sie, dass freiwerdende Jobs mit Amerikanern besetzt werden sollten. Es sei völlig falsch, das Land mit anspruchslosen Arbeitskräften und billigen Produkten aus dem Ausland zu überschwemmen. »Wir verlieren unsere Identität«, sagt sie.

Kilborn verwahrt sich gegen den Vorwurf, eine Rassistin zu sein. Die gelernte Krankenschwester holte in den vergangenen Jahrzehnten über eine Hilfsorganisation Dutzende von schwer erkrankten ausländischen Jugendlichen in die USA, um sie dort operieren und medizinisch versorgen zu lassen.

Die Kilborns, die drei leibliche Kinder haben, adoptierten zusätzlich vier weitere, ein an Kinderlähmung leidendes Mädchen aus Indien, zwei Mädchen aus Südkorea sowie einen südkoreanischen Jungen, der zehn Jahre später an seinem Herzfehler starb. »Sie kamen alle legal«, sagt Mona Kilborn, »das war nicht leicht. Wir mussten dafür viele Anträge stellen, uns ewig gedulden und Berge von Papierkram bearbeiten. Aber es hatte alles seine Ordnung, wir haben die Gesetze beachtet, das muss so sein.«

Kilborn findet es »wunderbar«, dass Donald Trump im Herbst 2017 mit einem Federstrich das von Präsident Barack Obama angeordnete DACA-Programm beendet hat. Mit dessen Hilfe wurden die sogenannten *Dreamers*, illegale Einwanderer, die einst als Kinder unerlaubt mit ihren Eltern in die USA gekommen waren, für mindestens zwei Jahre vor einer Abschiebung geschützt. Das Programm erlaubte ihnen, zu studieren und eine Arbeit aufzunehmen.

Für Miguel Rodriguez aus Marshalltown war DACA die große Hoffnung, für Mona Kilborn ein fatales Signal. »Kinder«, sagt die schmale Frau, deren Haus vollhängt mit Fotos ihrer eigenen großen Kinderschar, »dürfen nicht dafür belohnt werden, dass ihre Eltern unsere Gesetze gebrochen haben.« Wenn ein Vater eine Million Dollar stehle und im Garten vergrabe, dürfe sein Sohn das zufällig gefundene Geld doch auch nicht ausgeben.

Vor kurzem las Mona Kilborn in der *Times-Republican*, dass in Marshalltown inzwischen sieben von zehn Grundschulkindern einer ethnischen »Minderheit« angehören, mehr als jedes zweite hat lateinamerikanische Wurzeln. Da könne man doch wohl nicht mehr von einer Minderheit sprechen, schrieb sie empört dem Chefredakteur, in der Minderheit seien ja wohl die Weißen.

»Amerika ist auf den Hund gekommen. Wir müssen es wieder stark machen.« (Rick Burdick, Wisconsin)

Vorspann

Rick Burdick ist 73 Jahre alt und pensionierter Lehrer. Mit seiner Frau Luanne, die er 1999 geheiratet hat, lebt er in Greendale, einem kleinen Vorort rund 20 Kilometer südlich von Milwaukee, der mit rund 600 000 Einwohnern größten Stadt im nördlichen US-Bundesstaat Wisconsin.

Wisconsin, dachten die Demokraten im Herbst 2016, hätten sie bereits in der Tasche. Denn seit 1986 hatten die Wähler dort immer für demokratische Präsidentschaftskandidaten gestimmt. Hillary Clinton fand es noch nicht einmal notwendig, im Wahlkampf nach Wisconsin zu kommen. Doch dann gewann überraschend mit hauchdünnem Vorsprung Donald Trump. Das hat er insbesondere Leuten wie Rick Burdick zu verdanken, die in großer Zahl von ihrem Wahlrecht Gebrauch machten.

Burdick sagt, er habe »diese elitären Politiker aus Washington satt gehabt«, die, wie die Clintons, mit ihren »schönen Reden« Millionen verdienten und »uns normale Menschen« völlig aus den Augen verloren hätten. Im Herbst 2016 stellte er in seinem Vorgarten ein Werbeschild für Donald Trump auf, »weil der im Wahlkampf nach Wisconsin gekommen ist und unsere Sprache spricht«. Rick Burdick nennt Trump einen »Arbeiterpräsidenten«.

Die kinderlosen Burdicks wohnen in einem historischen kleinen weißen Holzhaus von 1938. Das Erdgeschoss besteht aus einem Vorraum, der Küche und dem Wohnzimmer, im Stockwerk darüber sind drei winzige Schlafzimmer und das Bad. Luanne Burdick, die 34 Jahre lang Grundschullehrerin war, hat sich einen Raum wie ein altes Klassenzimmer eingerichtet, mit einer Schulbank samt eingelassenem Tintenfass. Das Wohnzimmer ist mit zwei Standuhren und einem halben Dutzend Kuckucksuhren vollgestopft. Alle halbe Stunde kommen die Kuckucke aus ihren Häuschen und rufen. Die Burdicks sammeln alten Tand, mit Vorliebe aus den Fünfzigern und Sechzigern, als, wie sie sagen, »Amerika noch Amerika« war.

Rick Burdick lief früher Marathon. Trainiert hat er meist an den Ufern des Lake Michigan, einem der Großen Seen, an dessen Westseite Milwaukee liegt. Er war ein guter Läufer, 34 Wettbewerbe bestritt er, dreimal war er beim Boston-Marathon dabei. Seine Bestzeit hat er stolz auf dem weißen Schornstein über dem spitzen Hausdach verewigt. »2 Stunden, 38 Minuten, 19 Sekunden« steht da weithin sichtbar in großen schwarzen Lettern. Das war 1978, in Milwaukee.

Einige Hundert Häuser wie das der Burdicks gibt es in Greendale. Ende der dreißiger Jahre wurden sie auf Geheiß des demokratischen Präsidenten Franklin Delano Roosevelt aus dem Boden gestampft. Sie waren Teil seines legendären New-Deal-Programms, mit dem Roosevelt in der großen Wirtschaftskrise dem *blue-collar-worker* zugleich Arbeit und eine preiswerte Behausung beschaffte. Ungefähr 3200 Dollar kostete damals ein Haus, für 10 Dollar im Monat konnte man es mieten. Rick Burdick sagt: »Das waren noch Zeiten, als die Arbeiter den Demokraten am Herzen lagen.«

Als Eleanor Roosevelt, die Frau des Präsidenten, im Mai 1938 zur Einweihung der auf dem Reißbrett entstandenen Stadt Greendale kam, besuchte sie auch das Haus, in dem heute die Burdicks wohnen. Sie soll, erzählt Luanne Burdick, entsetzt darüber gewesen sein, dass im Vorraum, gleich neben dem Kochherd, die Kohlenklappe war, durch die Briketts für die Öfen in das kellerlose Haus geladen wurden. Auf diese dumme Idee, empörte sich Roosevelt, habe nur ein Mann kommen können, der nicht am Herd stehen und dabei den

Kohlenstaub einatmen müsse. Also wurde noch einmal umgebaut und vom großen Vorraum eine kleine Küche abgetrennt.

Nach wie vor leben in Burdicks Nachbarschaft hauptsächlich weiße Arbeiter, Handwerker und kleine Geschäftsleute. Der große Unterschied: Früher wählten sie die Demokraten, heute die Republikaner. Es ist lange her, dass die weißen *blue-collar-workers* das Rückgrat der Demokratischen Partei waren.

Seit 1968 gab es sechs konservative Wellen, die jeweils republikanische Präsidenten ins Weiße Haus trugen. Auf der ersten schwamm Richard Nixon, auf der vorerst letzten Donald Trump. Ohne die von den Demokraten enttäuschten *blue-collar-workers* wären diese konservativen Revolutionen nicht möglich gewesen.

Zuerst gingen den Demokraten die sozial sehr konservativen weißen Arbeiter in den Südstaaten von der Fahne. Sie zürnten dem demokratischen Präsidenten Lyndon B. Johnson, der die Rassentrennung abschaffte und den Afroamerikanern Mitte der sechziger Jahre mit dem Civil Rights Act und dem Voting Rights Act – zumindest formal – die gleichen Bürgerrechte verschaffte.

Dann sagten sich nach und nach auch die *blue-collar-workers* im Mittleren Westen und im Nordosten Amerikas von den Demokraten los, weil die Partei selbst ihnen zu liberal wurde. Mal wurden die Abtrünnigen »Reagan-Democrats« genannt, weil sie in den Achtzigern scharenweise ins Lager des republikanischen Präsidenten Ronald Reagan überliefen. Mal hießen sie »The Angry White Men«, weil wütende weiße Männer unter anderem aus Protest gegen die Verschärfung der Waffengesetze den Demokraten bei den Kongresswahlen 1994 eine äußerst schmerzliche Niederlage beschert hatten. Die Folge: Zum ersten Mal seit vierzig Jahren erlangten die Republikaner wieder eine Mehrheit in beiden

Häusern des Kongresses, im Senat wie im Repräsentanten-haus.

Viele Weiße waren damals bitter enttäuscht von Präsident Bill Clinton. Der Demokrat war 1992 auch mit ihren Stimmen gewählt worden, weil er eine schnelle Reform des Wohlfahrtsstaats und Steuererleichterungen für Amerikas Mittelschicht versprochen hatte. Doch Clintons erste Amtsjahre waren beherrscht von der am Ende gescheiterten Gesundheitsreform, vom Streit über eine Verschärfung der Waffengesetze sowie von den Debatten, ob die Regierungsmannschaft ausreichend die ethnische Vielfalt Amerikas widerspiegele – und ob Homosexuelle in der Armee dienen dürften.

Die Entfremdung der weißen *blue-collar-workers* schritt voran, bis mit den Jahren immer mehr von ihnen der Demokratischen Partei den Rücken kehrten. 2012 wählten in einigen Südstaaten nur noch zehn Prozent der Weißen den Demokraten Barack Obama. »Es ist ein historisches Paradox«, sagt Charles Kupchan, Politikprofessor an der renommierten Georgetown University in Washington und ehemaliger Europaberater von Präsident Obama, »dass die Demokraten, die einst Heimat der weißen Arbeiter – und damit der amerikanischen Mehrheit – waren, inzwischen eine Partei der ethnischen Minderheiten sind.«

Das liegt natürlich am demografischen Wandel und daran, dass die Zahl weißer Wähler und insbesondere die Zahl weißer *blue-collar-workers* erheblich geschrumpft ist. 1960 hatten noch 83 Prozent der weißen Wähler keinen College-abschluss, 2016 nur noch 34 Prozent. »Doch schuld an dieser Entfremdung«, sagt Kupchan, »ist auch die kulturelle Arroganz. Die meisten Demokraten interessieren sich heute eher für das bunte Großstadtleben, für gleichgeschlechtliche Ehen und dafür, ob Transgendermenschen eine eigene Toilette brauchen.«

Im Sinne der reinen Lehre ist Rick Burdick aus Greendale natürlich kein *blue-collar-worker*, schließlich hat er als Lehrer einen Collegeabschluss. Doch für die heutige Zeit taugt diese alte Definition nicht mehr. »Sie ist viel zu eng, gerade in der Trump-Ära«, sagt der Republikaner David Frum, der einst im Weißen Haus Präsident George W. Bush beriet und heute für das Magazin *The Atlantic* schreibt.

Mit dem Wort *blue-collar-worker*, so Frum, verbinde man inzwischen andere Menschen als noch 1975 oder selbst 1995. Jemand könne heute als Klempner dreißig Angestellte beschäftigen oder als stellvertretender Schulleiter aus der Steuerkasse bezahlt werden – und trotzdem zur »Arbeiterschaft« gehören. *Blue-collar-worker*, sagt Frum, sei längst nicht mehr »nur ein ökonomischer, sondern ein kultureller, ein sozialer und ethnischer Begriff«. Entscheidend sei, dass derjenige eine Arbeit habe, aber nicht übermäßig viel verdiene, kulturell einem bestimmten Milieu entspringe und zur ethnischen Mehrheit, also zu den weißen Amerikanern gehöre.

Rick Burdick sagt, er fühlt sich »kulturell« als ein *blue-collar-worker*. Und wenn er aus seinem Leben erzählt, versteht man auch warum.

Rick Burdick im Gespräch

»Man glaubt es kaum, aber ich bin in meinem Leben irre oft arbeitslos gewesen. Eine Zeitlang dachte ich, ich wäre zur Arbeitslosigkeit verdammt, obwohl ich aufs College gegangen bin und zum Highschoollehrer ausgebildet wurde, um 14- bis 18-jährige Schüler zu unterrichten.

Aber der Lehrerberuf ist, wenn man nicht auf Lebenszeit eingestellt wird, ein regelrechter ›Hire-and-fire‹-Job. Jederzeit kann man da rausfliegen. Deshalb hilft es, wenn man wie ich zwei gesunde, starke Hände hat und alles machen kann.

Ich weiß gar nicht, wo ich anfangen soll. Bevor ich Lehrer wurde, habe ich sechs Jahre lang in einem Warenhaus Kisten gestapelt. Da war ich im wahrsten Sinne des Wortes ein *blue-collar-worker* und habe mitunter sogar einen Blaumann getragen. Meinen ersten Job als Lehrer bekam ich in Franklin, in einem Ort ganz in der Nähe von Greendale. Das war irgendwann Anfang der siebziger Jahre. In meinem Bewerbungsgespräch hieß es, die Stadt würde wachsen und bald eine neue High School bekommen. Aber die neue Schule wurde nie gebaut.

Warum nicht? Weil Franklin unfähig war, ein ordentliches Abwassersystem zu legen, und daraufhin ein paar grüne Ideologen einen Zuzugsstopp für die Stadt durchsetzten. Leute von Greenpeace sagten, ohne ein neues Abwassersystem dürften keine neuen Häuser gebaut werden. So ein Blödsinn, die Zukunft der Gemeinde und von uns spielte bei diesen Ökos überhaupt keine Rolle. Franklin schrumpfte, meine Schule auch, nach acht Jahren war ich ohne Arbeit.

Dann wurde ich Lehrer in Menomonee Falls, einer Gemeinde im Nordwesten von Milwaukee. Die hatten damals zwei Schulen, eine im Norden, eine im Osten der Stadt. Doch mit der Wirtschaft ging es bergab, viele Familien zogen weg, es gab immer weniger Schüler. Also beschloss die Stadt, die ältere der beiden Schulen zu schließen. Das war die im Norden, an der ich unterrichtete. Erst hieß es, ich sollte zur Ostschule wechseln. Aber da war noch ein anderer Lehrer, der nicht nur wie ich Wirtschaft lehrte, sondern auch Footballtrainer war. Damit konnte ich nicht konkurrieren und war wieder meinen Job los.

Dann kam ich an eine High School in West Bend, aber nur für zwei Jahre. Die Stelle war befristet, weil auch die Mittel dafür befristet waren. Ich hatte die Schnauze voll von Wisconsin und zog nach Florida, wo ich die ersten paar Jahre mein Geld als Platzanweiser für die Fluggesellschaft Continental Airlines verdiente.

In Florida habe ich dann hautnah erfahren, wie sehr Amerika auf den Hund gekommen ist. Die Arbeitsmoral vieler Leute ist gleich Null, vor allem bei jenen, die am Tropf des Staates hängen, denen alles in den Hintern geschoben wird, ohne dass sie etwas dafür tun müssen.

Donald Trump hat versprochen, die Berechtigung für Lebensmittelkarten und für andere Sozialleistungen drastisch einzuschränken. Er sagt, wer nicht arbeiten wolle, solle auch nichts vom Staat kriegen. Da hat er recht, darum hat er meine Stimme bekommen.

Ich kann nämlich ein Lied davon singen, was passiert, wenn der Staat zu großzügig Wohltaten verteilt. Die Leute kriegen eine freche Anspruchshaltung und ruhen sich in der sozialen Hängematte aus. Denn nach meinem Job als Platzanweiser bei Continental bekam ich in Florida eine Stelle als Berater im sogenannten ›Welfare-to-Work-Programm‹ (›Von Wohlfahrt zur Arbeit‹), kurz WWII genannt, wie *World War II,* der Zweite Weltkrieg.

Der damalige demokratische Präsident Bill Clinton wollte in den neunziger Jahren Menschen, die von staatlicher Unterstützung abhingen, aus der Fürsorge befreien und in den Arbeitsmarkt bringen. Im Prinzip eine gute Idee, aber aus meiner Sicht war das Programm ein Schuss in den Ofen. Ich hatte es mit jungen Leuten zu tun, die die Schule abgebrochen hatten und nun wieder unterrichtet und möglichst zu einem erfolgreichen Abschluss geführt werden sollten. O Mannomann, war das eine schlimme Erfahrung. Total deprimierend.

Die Leute kriegten alles vom Staat geschenkt: 660 Dollar im Monat bar auf die Hand, ein Bus- und Zugticket, kostenlosen Unterricht – und sogar freie Kindergartenplätze. Die meisten waren nämlich junge schwarze Frauen, eigentlich noch Mädchen, mit mindestens einem Baby, aber ohne Mann und Schulabschluss. Weiße Amerikaner gab es nur wenige.

Wenn ich auf diesen Missstand aufmerksam machte, war ich sofort ein Rassist. Das ist auch heute so, wenn man die gewaltsamen Aufstände der Afroamerikaner in den Städten kritisiert. Über Weiße darf man alles sagen, über Schwarze nichts. Da wird mit zweierlei Maß gemessen.

Irgendwann einmal hat sich bei mir ein Afroamerikaner darüber beklagt, dass sein Stadtteil eine Lebensmittelwüste sei, weil es dort keinen einzigen Supermarkt mehr gebe, der letzte habe gerade dichtgemacht. Er nannte das ›Apartheidspolitik‹. Als ich ihn darauf hinwies, dass in seinem Viertel leider zu viele Geschäfte ausgeraubt worden seien und sich deshalb kein Supermarkt mehr dort hintraue, hieß es, das sei ein rassistisches Vorurteil.

Aber so ist es, das haben mir die Manager der Supermärkte selber erzählt. Ja, verdammt nochmal, darf man in diesem Land vor lauter politischer Korrektheit nicht mehr die Wahrheit sagen? Donald Trump tut das zum Glück, er nimmt kein Blatt vor den Mund.

Meiner Meinung nach laufen zwei Dinge in Amerika völlig falsch: Die Eliten, die politischen und die wirtschaftlichen, sorgen vor allem prima für sich selber. Und die Minderheiten, insbesondere Schwarze und Latinos, die nicht so gut für sich selber sorgen können, werden vom Staat alimentiert.

Und was ist mit den weißen Arbeitern? Denen geht es auch nicht gerade blendend, aber ihnen hilft keiner, sie werden alleingelassen. Trump hat das erkannt.

Aber ich schweife ab, zurück zu meinem Job in Florida. Dort sollte den jungen Schulabbrechern beigebracht werden, dass sie sich für einen Job einigermaßen ordentlich kleiden und frisieren müssen, keine zerrissenen Jeans und zerzausten Haare. Ihnen wurde eingetrichtert, pünktlich zur Arbeit zu erscheinen, freundlich zu sein und die Anordnungen ihrer Vorgesetzten zu befolgen. Es war das kleine Einmaleins der Arbeitsethik.

Aber bei diesen Jugendlichen war Hopfen und Malz verloren. Oft erschienen sie nicht zum Unterricht und hatten irgendeine dumme Ausrede. Manche Mädchen wurden wieder schwanger. Andere tauchten von der durchzechten Nacht völlig übermüdet in der Schule auf und schliefen sich erst einmal aus. Oder sie waren stinksauer auf uns und regten sich die ganze Zeit höllisch auf.

Denn natürlich gab es ein paar klitzekleine Bedingungen. Neben dem Unterricht, der etwa 20 Stunden in der Woche einnahm, mussten sie ein paar Stunden in der Woche einen Job verrichten, damit sie sich Schritt für Schritt an ein geregeltes Arbeitsleben gewöhnten.

Das waren absolut einfache Tätigkeiten. Preisschilder auf Waren kleben, schadhafte Produkte aussortieren, Blechdosen und Plastikflaschen trennen. Aber viele hatten keine Lust dazu und drückten sich. Deshalb kürzten wir ihnen die 660 Dollar, so wie es das Clinton-Programm vorschrieb. Doch viele junge Leute meinten, ihnen stünde das ganze Geld zu.

Anfangs waren wir noch voller Elan und dachten, diese Schulung ist eine gute Sache. Aber angesichts der vielen katastrophalen Erfahrungen verhärtet man. Dieser Wohlfahrtsstaat taugt nichts, er macht die Menschen nur abhängig.

Wenn Trump sagt, er wolle weniger Lebensmittelgutscheine verteilen lassen, schreien die Demokraten sofort, er wolle arme Kinder verhungern lassen. Wissen die überhaupt, was manche Kinder vom Staat alles kriegen? Kostenloses Frühstück, Mittagessen, Abendbrot – und in Milwaukee wird ihnen freitags sogar noch ein Fresspaket für die gesamte Familie mitgegeben.*

* Was Rick Burdick hier verallgemeinert, traf und trifft nur auf wenige Schulen in Brennpunktvierteln zu. Die Mittel dafür wurden in Wisconsin in den vergangenen Jahren drastisch gekürzt.

Ja, um Gottes Willen, wann sollen diese Leute jemals auf eigenen Füßen stehen und lernen, dass sie für ihr Leben verantwortlich sind? Ich finde es völlig richtig, dass Trump jetzt den Wohlfahrtsstaat zurückschrauben will. Hillary Clinton dagegen hätte als Präsidentin weiter sinnlos das Füllhorn ausgeschüttet.

Natürlich ließen wir damals in Florida den jungen Sozialhilfeempfängern nicht alles durchgehen. Das hatte seinen Preis, jedenfalls für mich. Immer mehr murrende Schüler blieben weg, folglich wurden uns die Mittel gekürzt und ein Drittel der Beschäftigten musste nach zwei Jahren gehen. Ich packte meine Siebensachen und zog zurück nach Wisconsin. Da arbeitete ich zunächst wieder für das Clinton-Programm und machte leider die gleichen verheerenden Erfahrungen. Nach zwei Jahren war auch hier wieder Schluss – und ich ohne Job.

Was glauben Sie, wie viele der jungen Leute, die ich in dieser Zeit in das Programm vermittelt habe, einen Schulabschluss schafften und ein Diplom in der Hand hielten? Keiner. Nullkommanull. Millionen von Dollar wurden in den Sand gesetzt. Das waren allerdings Peanuts im Vergleich zu den horrenden Summen, die Obama als Sozialleistungen unter die Leute gebracht hat. Da kann man schon zum Zyniker werden.

In Milwaukee heuerte ich in einem großen Warenhaus als Bürokraft an. Ich musste die Arbeitszeiten der Angestellten koordinieren. Von irgendetwas muss der Mensch ja leben – und staatliche Stütze wollte ich nicht. Das ging gegen meine Ehre.

Ich bin aufgewachsen in dem Bewusstsein, dass Arbeit den Menschen ernährt und dass er, wenn es nicht anders geht, auch bereit sein muss, seine Ansprüche an den Job, an das Gehalt und den Lebensstandard herunterzuschrauben. Keiner sollte sich für eine Arbeit zu fein sein. Im Amerikanischen Traum von einem besseren Leben steigt man nicht immer nur auf, sondern auch mal ab. Das ist Amerika.

Es wird höchste Zeit, dass wir uns wieder auf die Tugenden besinnen, die uns einst stark gemacht haben: auf unser Arbeitsethos, unsere Moral, den Patriotismus. ›Make America Great Again‹, sagt Trump. Manche halten das für Nationalismus. Na und, was ist falsch daran?

Ein bisschen mehr Egoismus würde uns Amerikanern guttun. Trump hat völlig recht, wenn er von euch Deutschen und den anderen Europäern höhere Beiträge für die NATO verlangt. Es kann doch nicht sein, dass wir euch mit unseren Waffen und Soldaten schützen, aber zugleich der Zahlmeister sein sollen.

Ich bin ebenso für Schutzzölle. Dahinter steckt doch die ganz normale Aufforderung: ›Buy American! Buy Wisconsin! Amerikaner, kauft amerikanische Produkte!‹ Die anderen Länder, China, Deutschland, Mexiko überschwemmen uns mit ihren Waren, aber kaufen nur wenig von uns. Da müssen wir doch unsere Wirtschaft besser schützen.

Klar kenne ich die Einwände gegen den Protektionismus, schließlich habe ich als Lehrer jahrelang Wirtschaft unterrichtet. Aber was spricht dagegen, mit Zöllen und einigen Freihandelsbeschränkungen dafür zu sorgen, dass unsere Fabriken wieder mehr eigenen Stahl produzieren? Wenn die Mauer an der Grenze zu Mexiko gebaut wird, brauchen wir viel, sehr viel Stahl. Dann geht es vielleicht endlich auch dem ländlichen Amerika besser. Unter Obama ist das ganze Geld in die großen Städte und nach Kalifornien geflossen. Wir im Mittleren Westen hatten das Nachsehen, wir waren egal. Unter Trump ist das jetzt anders. Er hört uns und gibt uns eine Stimme.

Und noch etwas ist mir wichtig: Es müssen endlich wieder die Gesetze beachtet und durchgesetzt werden. Denken Sie nur an die Millionen von illegalen Einwanderern in unserem Land. Sie leben seit Ewigkeiten völlig unbehelligt. Trump greift da endlich durch. Es darf doch nicht sein, dass Gesetzesbrüche belohnt werden. Ich habe nichts gegen Einwanderer, aber wie meine Vorfahren müssen sie auf legalem Weg in die USA kommen und sich unserer Lebensweise anpassen.

Es wird gerne behauptet, wir Weißen täten so, als gehöre uns das Land allein. Das ist Unsinn. Aber mit Verlaub, Amerika wurde von weißen, christlichen Einwanderern aus Europa gegründet und groß gemacht. Weiße haben die Revolution gegen England angeführt und die Verfassung geschrieben. Diese historische Tatsache wird man ja wohl noch erwähnen dürfen. Natürlich waren die Sklaverei und die Rassentrennung ein großes Unrecht. Deswegen wurde ja auch ein Bürgerkrieg geführt, und es fanden Aufstände statt.

Übrigens: Ich habe zwar nicht Barack Obama gewählt und in meinen Augen war er eine Niete, aber selbstverständlich war er auch mein Präsident, ich habe seine Wahl akzeptiert. Von Trumps Gegnern lässt sich das umgekehrt nicht behaupten. Die sind völlig respektlos und brüllen auf Demos: ›Er ist nicht mein Präsident!‹

Es gibt zu viel zweierlei Maß. Ende der siebziger Jahre war ich mal mit einem Freund auf Ferienreise bei euch in Deutschland, irgendwo am Rhein. Da hat sich ein Mann über die vielen Türken beschwert, sie würden Deutschland überschwemmen und zu acht in einer Zwei-Zimmer-Wohnung hausen. Im gleichen Atemzug jedoch erzählte er uns von seinem USA-Besuch und wie schlecht wir die Schwarzen behandeln würden. Wir sollten uns schämen. Das ist doch wirklich schizophren. Aber Verzeihung, ich schweife wieder ab.

Zurück zu meinem Job im Warenhaus, in dem ich die Arbeitszeiten koordinieren musste. Das habe ich nur kurz gemacht. Nach zwei Monaten, ich hatte gerade einen Tag Urlaub, klingelte mein Telefon und eine Schulsekretärin aus

Racine meldete sich. Das ist rund 35 Kilometer von hier. Sie sagte, ich hätte mich doch vor einiger Zeit mal für einen Lehrerjob beworben. Nun sei einer frei, ob ich morgen mal vorbeikommen könne. Ich antwortete, ich hätte mittlerweile eine Arbeit und kein Interesse an einer befristeten Stelle. Und leider müsste ich morgen wieder im Warenhaus antreten. Sie bat mich, fünf Minuten am Telefon zu warten. Als sie zurückkam, sagte sie: ›Rick, der Direktor würde Sie gerne kennenlernen. Haben Sie heute Nachmittag Zeit?‹

Dieses Mal meinte es das Schicksal wirklich gut mit mir. Ich war nur eine halbe Stunde beim Direktor und hatte einen festen Job. Sieben Jahre blieb ich in Racine, bis zu meiner Pensionierung. Allerdings hatte ich es auch dort wieder mit Schülern zu tun, die so gut wie nichts auf die Reihe bekamen. Es waren die Schwächsten, und ich sollte ihnen ein bisschen Arbeitsethik beibringen und wie man mit zehn Fingern auf der Schreibmaschine tippt. Nebenbei mussten sie ein Praktikum in einer Fabrik absolvieren. Keine anspruchsvolle Arbeit, am wichtigsten war, dass sie pünktlich erschienen.

Aber schon das war zu viel verlangt, den meisten Schülern fehlte jede Disziplin. Manchmal kam ich mir vor, als unterrichtete ich nicht in der kleinen Stadt Racine, sondern in einer der schlimmsten Ghettoschulen in der Innenstadt von Milwaukee. Von Jahr zu Jahr wurden die Anforderungen heruntergeschraubt, Hauptsache, die Schüler schafften den Abschluss, egal wie.

In der Zeitung habe ich gelesen, dass 60 Prozent der Schüler in Milwaukee und auch in Racine die High School erfolgreich zu Ende bringen. Kein Wunder, das Diplom wird ihnen doch hinterhergeworfen. Würden die Standards nicht ständig gesenkt, läge die Erfolgsquote wahrscheinlich bei nur 30 Prozent. Aber eine solche verheerende Bilanz will natürlich keine Schule.

Racine hatte eine schwere Zeit, viele Firmen gingen pleite oder verlegten ihre Produktion ins Ausland. Die Stadt hatte eine der höchsten Arbeitslosenquoten in Wisconsin. Jetzt will sich dort die taiwanesische Hightechfirma Foxconn niederlassen und Flachbildschirme herstellen. Bis zu 13 000 neue Arbeitsplätze sollen entstehen, hat Trump stolz verkündet.

Ich bin skeptisch. Wisconsin muss für diese Ansiedelung erst einmal gewaltig in Vorleistung gehen und Milliarden Dollar in die Infrastruktur stecken. Außerdem werden die meisten Arbeiter nicht von hier kommen, denn so viele gut ausgebildete Techniker gibt es in Wisconsin nicht. Manche sagen, die staatlichen Investitionen würden sich frühestens in 25 Jahren amortisieren.* Warum machen wir statt der Taiwanesen nicht lieber amerikanische Unternehmen stark?

Es muss wirklich ein gewaltiger Ruck durch unser Land gehen. Trump traue ich das zu. Er hat bisher Wort gehalten und mit seiner robusten Art schon viel erreicht, mehr als die Präsidenten davor.

Manche sagen, er sei doch selber Teil der Elite, habe von seinem Vater reich geerbt und mit Immobiliengeschäften Milliarden verdient. Ich neide ihm das Geld nicht. Er war auch mal fast pleite und hat am eigenen Leib erfahren, was es heißt, Risiken einzugehen. Wer mit Häusern, Grundstücken und Hotels handelt, macht reale Geschäfte. Trump ist keiner von diesen Finanzhaien auf der Wall Street, die man nicht durchschaut und bei denen man nie genau weiß, was sie da eigentlich treiben.

Unter Obama hatten wir von Jahr zu Jahr weniger Geld im Portemonnaie. Von Trumps Steuererleichterung profitiere selbst ich und habe als pensionierter Lehrer jeden Monat 50 Dollar mehr in der Haushaltskasse. Das ist doch was.

---

* Laut Umfragen vom Frühjahr 2018 hat aus diesen Gründen eine knappe Mehrheit der Einwohner von Wisconsin Bedenken bezüglich des von Donald Trump unterstützten Foxconn-Projekts.

Präsident John F. Kennedy hat 1961 bei seinem Amtsantritt einen sehr weisen und wichtigen Satz gesagt: ›Frage nicht, was dein Land für dich tun kann – frage, was du für dein Land tun kannst.‹ Wir hart arbeitenden Leute im Mittleren Westen haben uns daran gehalten. Viele andere leider nicht, sie halten beide Hände auf und lassen sich vom Staat aushalten. Mit seinem Plädoyer an die Eigenverantwortung wäre der Demokrat Kennedy wohl heute ein Republikaner. Ihn hätte ich wohl gewählt, wenn ich damals nicht zu jung gewesen wäre.«

»Niemand darf mir mein Recht auf eine Waffe nehmen.« (Nancy Anderson, Arkansas)

Vorspann

So viel Ehre wurde den Waffenlobbyisten noch nie zuteil. Anfang Mai 2018, knapp drei Monate nach dem Amoklauf von Florida, der 17 Menschen das Leben kostete, traten auf der Jahresversammlung der National Rifle Association (NRA) in Dallas, Texas, sowohl der Präsident als auch der Vizepräsident der Vereinigten Staaten auf. Das Verfassungsrecht auf Waffenbesitz werde von den Demokraten im Kongress bedroht, warnte Donald Trump, aber solange er regiere, bleibe dieses Recht unangetastet. Tausende von Teilnehmern, fast alles weiße Männer, dankten es ihm mit tosendem Applaus.

Donald Trump und sein Vize Mike Pence wussten, warum sie den weiten Weg von Washington nach Texas auf sich genommen hatten. Die NRA hatte ihnen im Wahlkampf 30 Millionen Dollar gespendet. Vor allem aber besteht die ganz große Mehrheit der etwa fünf Millionen NRA-Mitglieder aus Trump-Wählern. Auf ihre Unterstützung war und ist der Präsident angewiesen.

Der Nachrichtensender CNN hat errechnet, dass in den Vereinigten Staaten zwischen 2001 und 2014 insgesamt 440 095 Menschen durch eine Schusswaffe ums Leben kamen. In keinem anderen Land, das sich nicht im Krieg befindet, sterben so viele Menschen durch eine Kugel. Sie werden in einem Streit oder während eines Überfalls tödlich getroffen, bei einem Amoklauf, einem Unfall oder weil sie Selbstmord begehen.

Obschon Amokläufe nur für einen kleinen Teil der Todesopfer verantwortlich sind, symbolisieren sie den Waffenwahn auf besonders tragische Weise. Als USA-Korrespondent musste ich zwischen 2007 und 2014 mehrmals darüber berichten, es waren für mich persönlich die schwersten Einsätze.

2012 geschahen besonders viele dieser Massenmorde: zwölf Tote im Juli in einem Kino in Colorado, sieben Tote im August in einem Tempel der Sikh-Gemeinde in Wisconsin, fünf Tote im September in einer Fabrik in Minneapolis – und dann im Dezember 2012 das furchtbare Massaker in der Sandy-Hook-Grundschule in Newtown, Connecticut, mit insgesamt 28 Toten, unter ihnen 20 Kinder. Aber auch das Jahr 2018, in dem ich diese Zeilen schreibe, beginnt furchtbar. Allein in den ersten 21 Wochen ereigneten sich nach einer Statistik der *Washington Post* und von *Politico* 16 Schießereien in Schulen. Dabei wurden 31 Menschen getötet und 56 verletzt.

Laut einer detaillierten Studie des amerikanischen Nachrichtenmagazins *Mother Jones* fanden seit 1982 mindestens 98 Massenschießereien statt, allein 59 seit 2006. 62 dieser Amokläufe, die zwischen 1982 und 2012 verübt wurden, hat *Mother Jones* unter die Lupe genommen. Das Ergebnis: Amokläufe sind vor allem ein weißes, männliches Problem. Unter den 62 Tätern war nur eine Frau, mehr als zwei Drittel von ihnen, genauer gesagt: 44 Täter, waren weiße Männer oder weiße männliche Jugendliche.

Rund die Hälfte dieser Massenschießereien geschah in einer Schule oder auf der Arbeitsstelle, die andere Hälfte in Einkaufszentren, Restaurants, Regierungsgebäuden oder religiösen Einrichtungen. Viele Täter hatten psychische Probleme und wurden schon vor der Tat von Familienmitgliedern, Freunden, Mitschülern, Lehrern oder Arbeitskollegen als »gestört«, als »extreme Einzelgänger« oder »einsame Wölfe« bezeichnet.

Weiß und männlich sind nicht nur die meisten Täter, sondern auch die meisten Waffenbesitzer in Amerika. Weiß und männlich sind zudem sieben der neun Richter des Obersten Gerichts, das im Juni 2008 mit fünf gegen vier Stimmen entschied, dass nach der amerikanischen Verfassung jeder Amerikaner das Recht hat, zu seiner Selbstverteidigung eine Waffe zu besitzen.

Anfang 2018 leben rund 327 Millionen Menschen in Amerika; laut der Waffenlobby NRA befinden sich 310 Millionen Schusswaffen in privaten Händen. Die NRA-Statistik, die durch andere Erhebungen bestätigt wird, vermerkt den Besitz eines Gewehrs oder einer Pistole oder von beidem für 30 Prozent aller Einzelpersonen und 42 Prozent aller Haushalte. 47 Prozent der Männer und 13 Prozent der Frauen, 33 Prozent der weißen Amerikaner, aber nur 18 Prozent der Minderheiten seien bewaffnet. Und noch eine wichtige Zahl: 41 Prozent der Republikaner haben eine Schusswaffe, jedoch lediglich 23 Prozent der Demokraten.

Als ich Mitte Februar 2018 in die USA flog, hatte der 19-jährige Nikolas Cruz soeben in einer Schule in Parkland, Florida, mit einem Sturmgewehr siebzehn Menschen erschossen. In Washington trifft sich zur selben Zeit das Conservative Political Action Committee (CPAC), ein in der Republikanischen Partei einflussreicher Kreis rechter Aktivisten, zu seiner Jahresversammlung. Viele sind NRA-Mitglieder und fast alle Trump-Wähler. Wie knapp drei Monate später beim Jahrestreffen der National Rifle Association tritt Donald Trump auch dort auf und verteidigt das Recht auf Waffenbesitz.

Er persönlich hätte wahrscheinlich nichts gegen schärfere Gesetze. Jedenfalls lässt er das nach dem Amoklauf von Florida bei einem Treffen mit Angehörigen von Opfern durchblicken. Aber das Thema ist ihm nicht wichtig. Und vor allem will er es sich, solange die NRA und die allermeisten Republikaner strikt dagegen sind, um keinen Preis mit ihnen verscherzen. Ganz im Sinne der NRA lautet darum Trumps Lösungsvorschlag nach dem Massaker von Florida: nicht weniger, sondern mehr Waffen. Der Präsident schlägt vor, in den Schulen Wachleute einzustellen sowie notfalls Lehr- und Verwaltungspersonal sowie Hausmeister zu bewaffnen und im Schießen zu trainieren.

Am Rande der CPAC-Konferenz treffe ich David Keene. Er ist seit Jahrzehnten ein wichtiger Strippenzieher im rechten Lager der Republikanischen Partei und war zur Zeit des Amoklaufs in Newtown NRA-Präsident. Keene hat das Aufrüstungsprogramm für Schulen mitentwickelt, dem inzwischen überall in Amerika Hunderte von Bildungseinrichtungen gefolgt sind.

Vier Tage nach der Massenschießerei in Florida sagt mir Keene im Interview: »Wir sind genauso entsetzt, wir sind auch Väter und Mütter. Aber nicht die Waffen sind schuld an den Tragödien, sondern einige wenige kranke Menschen, die nie ein Gewehr hätten haben dürfen. Waffen sind Teil unserer Kultur, unserer Gründungsgeschichte. Das Recht auf Waffenbesitz ist in unserer Verfassung verankert – und zwar ganz weit vorne, bereits im zweiten Verfassungszusatz.«

Von dieser Meinung hat ihn auch nicht das Schicksal seines Sohnes abbringen können. Der schoss einst als junger Mann mit einem Revolver auf einen anderen Autofahrer, weil der ihn angeblich von der Straße drängen wollte. Zum Glück verfehlte die Kugel ihr Ziel. Der Sohn wurde zu zehn Jahren Gefängnis verurteilt, saß acht davon ab und ist heute ein erfolgreicher Geschäftsmann. Keene sagt dazu: »Wenn du das Gesetz brichst, musst du dafür geradestehen.«

Umfragen belegen, dass für viele weiße Amerikaner im Mittleren Westen die Verteidigung ihres Rechts auf Waffenbesitz ein wichtiger Grund war, Trump zu wählen. Nicht alle sind gegen jedwede Verschärfung der Gesetze. Ich habe in Wisconsin selbst Betreiber von Waffengeschäften und

Schießständen getroffen, die für ein Verkaufsverbot von kriegswaffenähnlichen Sturmgewehren wie der AK-15 waren. Doch sie befürchten, ein Demokrat im Weißen Haus würde sofort alle im Privatbesitz befindlichen Gewehre und Pistolen einkassieren. Und Trump schürt diese Angst. »Die eine Sache, die immer zwischen dem amerikanischen Volk und der Abschaffung der Rechte im zweiten Verfassungszusatz gestanden hat«, sagte er im Mai 2018 auf der NRA-Jahrestagung in Dallas, »das waren konservative Kongressabgeordnete, die den Willen hatten, diese Rechte zu verteidigen.«

Im Herbst 2013 brachte mich David Keene das erste Mal mit Nancy Anderson aus dem Bundesstaat Arkansas zusammen. Sie ist Superintendentin, eine Art oberste Schulmanagerin, an einer kleinen ländlichen Schule und kämpft für das Recht, Lehrer zu bewaffnen.

Besuch bei Nancy Anderson

Am Morgen des 23. Januar 2015 trat der Ernstfall ein, für den Nancy Anderson seit zwei Jahren geübt hatte. Die 46-jährige Superintendentin der Cutter-Morning-Star-Schule im Südstaat Arkansas war gerade in ihr Büro gekommen, hatte die Kaffeemaschine angeworfen und mit einem rosafarbenen Stift ihre Lippen nachgezogen. Es war kurz vor acht Uhr, da piepte das Walkie-Talkie auf ihrem Schreibtisch. Am anderen Ende war die sich vor Aufregung überschlagende Stimme des Hausmeisters. »Nancy«, schrie er, »da fallen irgendwo Schüsse!«

Superintendentin Anderson wusste, was zu tun war. Mit einem Knopfdruck ihres Handys verriegelte sie die Außentüren der Schule, sodass niemand mehr ohne einen Schlüssel hereinkonnte. Ein weiterer Knopfdruck – und die Polizei war alarmiert.

Anderson warf sich die im Büroschrank hängende kugelsichere Weste über, legte sich den Pistolengurt um, lud die 9-Millimeter-Glock und rannte los. Trotz Stöckelschuhen war die stämmige Lehrerin in weniger als 15 Sekunden beim Hausmeister. Die Kollegen hatten inzwischen die Klassenräume verbarrikadiert und die Kinder angewiesen, sich auf den Boden zu legen. Jeder Handgriff saß, alles klappte wie am Schnürchen, so wie es Anderson in einem Leitfaden für die gesamte Schule aufgeschrieben hatte.

Zum Glück gab es keinen Amokläufer. Aber das konnte niemand zu diesem Zeitpunkt wissen, die Lage war gefährlich. Wie sich herausstellte, war die Polizei einem flüchtigen Räuber nachgeeilt. Die Jagd führte über den Schulparkplatz, der Räuber schoss auf seine Verfolger und geriet außer Sichtweite. Man glaubte, er sei in die Schule gelaufen und habe sich verschanzt. Ein Hubschrauber flog übers Gelände, ein Sonderkommando durchkämmte jeden Winkel, vor der Schule gingen Polizisten mit Maschinenpistolen in Stellung. Doch der Räuber war längst über alle Berge und wurde erst Tage später gestellt.

Der Sheriff klopfte Anderson anerkennend auf die Schulter. »Bravo, Nancy, gut gemacht!« Stolz nickte die Superintendentin und sagte: »Wir tun alles dafür, dass sich hier eine Tragödie wie in Newtown, Connecticut, nicht wiederholen kann.« Am 14. Dezember 2012 hatte sich dort ein furchtbares Blutbad ereignet. Zwischen 9.30 Uhr und 9.40 Uhr morgens zog der offenbar psychisch gestörte 22-jährige Adam Lanza mit einem halbautomatischen Sturmgewehr durch Flure und Klassenzimmer der Sandy-Hook-Grundschule. 154-mal drückte er den Abzug. Zwanzig Kinder und sechs Schulangestellte starben, ehe der Attentäter sich selbst tötete. Zuvor hatte er zu Hause auch seine Mutter erschossen.

2000 Kilometer südlich von Newtown lud Nancy Anderson am Tag danach zu einer Gedenkveranstaltung in die

Cutter-Morning-Star-Schule. Nach einer Schweigeminute, erzählt sie, seien Kinder, Eltern und Kollegen einander weinend in die Arme gefallen und hätten gefragt: »Wie können wir uns besser schützen?«

Für Anderson stand fest, sie musste sich sowie dazu bereite Lehrer und Schulangestellte bewaffnen. Die Superintendentin stellte einen Antrag bei der Polizei- und Schulbehörde und ging mit einer Handvoll von ihr persönlich ausgewählter Kollegen zum Sicherheitstraining. »Ich wollte nur sehr verantwortungsvolle Leute«, sagt sie, »keine Rambo-Typen.« Vierzig Stunden büffelten sie Gesetze und übten schießen. Sie lernten, wie man mit nur einer Hand den Revolver führt und wie man sich im Falle einer Verletzung auf den Boden wirft und liegend aus der Hüfte zielt. »Das tat nicht nur verdammt weh«, sagt Anderson, »das war auch verdammt schwer.«

Einmal nahmen die Lehrer von Cutter Morning Star sogar an einer ganz besonderen Übung teil. In einer Schule wurde ein Amoklauf inszeniert, ein 16-Jähriger sollte mit einem Sturmgewehr um sich geschossen und Mitschüler als Geiseln genommen haben. Die Lehrer und Schulangestellten mussten nun beweisen, dass sie selbst unter größtem Stress nicht die Nerven verlieren, sondern auf den Täter schießen konnten, der ihr Schüler ist. »Ein Kind zu töten, um andere Kinder zu retten«, sagt Anderson, »das war der furchtbarste Test.«

Im April 2013, vier Monate nach dem ersten Training, stellte der Sheriff den Lehrern der Cutter-Morning-Star-Schule die Erlaubnis aus, im Dienst eine Waffe zu tragen. Anderson kaufte sich von ihrem eigenen Geld die Glock und eine leichtere Pistole der Marke Smith & Wesson. Letztere hat sie fast immer dabei. Mal steckt die Pistole in ihrer rosafarbenen Handtasche, mal im schwarzen Anorak, auf dem groß »Security« steht. In einem halben Dutzend über das gesamte Schulgelände verteilten Safes werden weitere Schusswaffen aufbewahrt. Nur Anderson und die für diese Aufgabe eigens ausgebildeten Kollegen haben dafür einen Schlüssel. Wer zu dem Kreis gehört, will sie nicht preisgeben, das muss sie nach einem neuen Gesetz des Staates Arkansas auch nicht. Es darf geheim bleiben, wie viele Feuerwaffen sich in einer Schule befinden und wer sie trägt.

Widerstand gegen die Aufrüstung von Cutter Morning Star gab es nicht. Im Gegenteil, seit Anderson das neue Sicherheitsprogramm eingeführt hat, steigt die Zahl der Schüler wieder. Noch während der amerikanischen Finanzkrise zwischen 2009 und 2013 hatten sich von der Schule, zu der eine Grundschule für 5- bis 10-Jährige und eine High School für 14- bis 18-Jährige gehören, über hundert Kinder abgemeldet. »Die Sicherheitsmaßnahmen«, sagt Anderson, »sind natürlich nur ein Grund für unsere wachsende Beliebtheit, aber wir werben offensiv damit – und alle sind stolz darauf.«

Die Superintendentin kann nicht verstehen, warum immer noch so viele gegen eine Bewaffnung der Schulen protestieren und die nationale Lehrergewerkschaft entsetzt »Bücher statt Gewehre!« ruft. Die Forderung nach schärferen Waffengesetzen ist für Anderson nicht nur ein Angriff auf die Verfassung, im Süden Amerikas wie in den Weiten des Mittleren Westens erscheint diese Debatte in Washington wie eine Absurdität von einem anderen Stern. Im Schuldistrikt Cutter Morning Star, etwa zehn Kilometer östlich des kleinen Kurstädtchens Hot Springs, in dem Gangsterboss Al Capone in den dreißiger Jahren in heißen Quellen badete und dem Glücksspiel frönte, lernen viele schon schießen, bevor sie schreiben können.

Nancy Anderson ging bereits als kleines Kind mit dem Vater auf die Jagd. »Ich hätte eigentlich ein Junge werden sollen«, lacht sie. Die Eltern betrieben in einer gottverlassenen Gegend auf dem Land eine Tankstelle samt Lebensmittelladen. Unter der Kasse lag stets eine geladene Flinte. Noch heute geben einige Schulen in Arkansas frei, wenn die Jagdsaison für Damwild, für Enten oder wilde Truthähne beginnt.

»Für Leute wie uns«, sagt Anderson, »gehören Waffen zu unserem Haushalt wie Messer und Gabel.« Donald Trump habe das verstanden, neunzig Prozent der Eltern ihrer Schulkinder hätten darum ihn gewählt. »Auch für mich«, sagt Anderson, »war das der entscheidende Grund. Niemand darf mir mein Recht auf eine Waffe nehmen. Dieses Recht müssen wir verteidigen.«

Trump war nicht ihr Favorit, und anders als ihre Nachbarn stellte Anderson im Vorgarten auch kein Werbeschild für ihn auf. Die gläubige Christin mag Trumps grobe Sprache nicht – und er sollte weniger twittern, meint sie. Auch findet sie seine Haltung in Einwanderungsfragen zu kompromisslos. »Mexikaner«, sagt Anderson, »sind hart arbeitende Leute.«

Wie überall in Amerika wächst auch in Arkansas der Bevölkerungsanteil der Latinos. 2014 waren es bereits sieben Prozent, inoffiziell sollen es weit mehr sein. Selbst an die abgelegene Cutter-Morning-Star-Schule gehen inzwischen etwa zwei Dutzend Latinos. Anderson ist stolz auf diesen Zuwachs und hat Klassen mit besonderer Sprachförderung eingerichtet. Im Gegensatz zur Trump-Wählerin Mona Kilborn aus Iowa (siehe S. 35) plädiert Anderson auch dafür, dass jene Latinos, die als Kinder mit ihren Eltern illegal nach Amerika kamen, bleiben dürfen. »Kinder«, sagt die Mutter von zwei Töchtern und einem Sohn, »sollten nicht für die Fehler ihrer Eltern büßen.«

Gefallen hat ihr aber an Trump, »dass der sich für die einfachen Leute starkmacht«. Dass er nicht so überheblich daherkomme wie viele andere Politiker, »die sich nur im Wahlkampf für die *blue-collar-workers* interessieren«. Anderson mag zwar die Clintons, vor allem Bill Clinton, Trumps

Vorvorvorgänger im Weißen Haus, weil der aus Arkansas stamme. »Aber Hillary Clinton«, sagt Anderson, »hat in Washington wohl vergessen, dass auch sie viele Jahre hier unten im Süden lebte.«

In Arkansas ist Anderson inzwischen selber eine Heldin der »kleinen Leute«. Kaum hatte die Cutter-Morning-Star-Schule die Bewaffnungslizenz im April 2013 erhalten, zog der damalige Justizminister von Arkansas, ein Demokrat, diese Erlaubnis für Andersons Schule und für zwölf weitere Schulbezirke wieder zurück. »Ungesetzlich« nannte er die Maßnahmen. Schulen in Arkansas, schrieb er, dürften zu ihrem Schutz zwar Polizisten einstellen oder einen Wachdienst. Doch Lehrer einer staatlichen Schule seien keine privaten Sicherheitsleute. Nancy Anderson heulte vor Wut, als sie den Brief bekam – und beschloss, sich zu wehren.

In der Verhandlung in Arkansas Hauptstadt Little Rock gab der Schul- und Polizeiausschuss zunächst dem Justizminister Recht. Doch dann trat Nancy Anderson in den Zeugenstand und sagte voller Empörung:

Polizisten und private Wachmänner können sich nur reiche Schulen leisten, meine kleine Schule hat dafür kein Geld. Ist das Leben armer Kinder darum weniger wert? Sollte jemals ein Amokläufer meine Schüler bedrohen, will ich ihm mehr als nur einen Metallhefter entgegenschleudern können.

Die Worte zeigten Wirkung, der Ausschuss revidierte seine Entscheidung. Anderson wurde gefeiert. Zwei Jahre später erließ der Kongress von Arkansas ein Gesetz, das allen staatlichen Schulen die Bewaffnung ihrer Lehrer erlaubt. Manche nennen es das »Nancy-Anderson-Gesetz«.

Als Kind wuchs die energische Schulmanagerin in bescheidenen Verhältnissen auf und musste sich durchbeißen. »Der Kampf der kleinen Leute«, sagt sie, »ist auch mein Kampf.« Als es der Cutter-Morning-Star-Schule finanziell schlechtging, als die Schüler ausblieben und viele Lehrer Angst vor einer Entlassung hatten, war Anderson sowohl die Antreiberin als auch die gute Seele des Kollegiums. Tagsüber machte sie Pläne, wie man die Attraktivität der Schule steigern und beim Gouverneur Geld lockermachen konnte, nach Dienstschluss hatte sie ein offenes Ohr für die Sorgen der Kollegen. Und ganz nebenbei schrieb sie noch eine Doktorarbeit über die Auswirkungen der Finanzkrise auf die Moral, die Psyche und das Verhalten der Lehrer.

Inzwischen hat die Cutter-Morning-Star-Schule wieder wie zu ihren Bestzeiten fast 700 Schüler. Und laut Behördenprognose kann sie in den nächsten Jahren mit einem weiteren Zuwachs von 100 bis 150 Schülern rechnen. Die schmucklosen ebenerdigen Gebäude werden renoviert, und es entsteht eine neue High School, im Mai 2018 war der erste Spatenstich. Inzwischen gibt es sogar genug Geld für einen bewaffneten Sicherheitsmann.

Der Amoklauf in der Grundschule von Newtown, Connecticut, lässt Anderson bis heute nicht los. Manchmal träumt sie nachts von der Direktorin der Sandy-Hook-Schule. Mutig, jedoch unbewaffnet hatte sich damals Dawn Hochsprung dem Attentäter entgegengestellt und wurde erschossen. Im Traum schlüpft Anderson in Hochsprungs Rolle, hält aber ihre Glock in der Hand und streckt den Mörder nieder. Für die Trump-Wählerin Nancy Anderson aus Arkansas gibt es nur eine Antwort: »Die beste Waffe gegen einen schlechten Menschen mit einer Waffe ist ein guter Mensch mit einer Waffe.«

»Wir brauchen eine konservative Revolution.« (Francis Buckley, Virginia)

Vorspann

Mitte Februar 2018 feierten ein paar rechte Aktivisten Donald Trump für seine »historischen Verdienste« im ersten Amtsjahr. Sie bejubelten die Steuersenkungen, die Einreisebeschränkung für Muslime, die Abwehr der Angriffe auf das Waffenrecht und den Bau einer Mauer an der Grenze zu Mexiko. Den lautesten Begeisterungssturm aber löste eine andere Erfolgsmeldung aus: der Beginn einer Justizrevolution von rechts. Eine »Rekordzahl« konservativer Bundesrichter habe er bereits ernannt, triumphierte Donald Trump, weitere würden bald folgen.

Dabei gehörten die Mitglieder des in der Republikanischen Partei sehr einflussreichen Conservative Political Action Committee (CPAC) anfangs keineswegs zu Trumps Unterstützertruppen. Der schillernde Immobilienmogul war den rechten Ideologen suspekt – und vor allem nicht konservativ genug. Doch mit der politischen Umwälzung der Gerichte ist er nun einer von ihnen geworden.

Mögen die Republikaner über vieles miteinander streiten, in einem Punkt sind sie sich seit langem einig: Es müssen mehr konservative Richter an Amerikas obere Gerichte – und dafür braucht man einen republikanischen Präsidenten. Denn es ist das Privileg des Präsidenten, Kandidaten für vakante Stellen an den Bundesgerichten zu nominieren.

Bundesrichter gibt es viele: 9 am Supreme Court, dem Obersten Gericht der Vereinigten Staaten, 127 an den 13 Bundesberufungsgerichten und um die 700 an den 94 Bundesdistriktgerichten. Da werden immer Stellen frei. Als Trump sein Amt am 20. Januar 2017 antrat, gab es so viele Vakanzen wie nie zuvor. Darum hat er wie kein anderer Präsident die Chance, Amerikas Justiz für die nächsten 20 bis 30 Jahre zu prägen, weit über seine Amtszeit hinaus. Denn Bundesrichter werden auf Lebenszeit ernannt.

Man muss wissen, dass Amerikas Richter, vor allem jene am Supreme Court und an den Bundesberufungsgerichten, großen Einfluss haben, auch in politischer Hinsicht. Denn das Rechtssystem des Common Law mit seinen Präzedenzurteilen verschafft ihnen eine gewaltige Gestaltungsmacht. Mit diesen Urteilen, die auch für andere Gerichte bindend sind, setzen die Richter oft selber Recht – auf Jahrzehnte. Die Bundesgerichte sind in den USA so etwas wie ein zweiter Gesetzgeber.

So erklärte der Supreme Court zum Beispiel 1896 mit einem Präzedenzurteil die Rassentrennung für verfassungsmäßig und hob dieses Verdikt erst knapp sechzig Jahre später mit einer anderen Grundsatzentscheidung wieder auf. 1973 formulierten die Richter ein sehr weitgehendes Recht auf Abtreibung, das trotz fortwährender Angriffe bis heute gilt.

2008 lasen sie aus dem zweiten Verfassungszusatz ein individuelles Recht auf Waffenbesitz heraus, und 2015 gaben sie grünes Licht für die gleichgeschlechtliche Ehe. 2010 urteilten sie wiederum, dass Gewerkschaften und Unternehmen unter bestimmten Voraussetzungen unbegrenzt viel Geld für einen politischen Wahlkampf spenden dürfen. Das sei Bestandteil der im ersten Verfassungszusatz garantierten Meinungsfreiheit.

Da die Republikaner mit liberalen Urteilen wie denen zur Abtreibung und zur gleichgeschlechtlichen Ehe extrem hadern, ist ihnen seit Jahren die Umbesetzung der Gerichte ein Kernanliegen. Weil Trump das spürte, ermunterte er im Wahlkampf selbst jene noch zögernden konservativen Wähler, für ihn zu stimmen, mit der Begründung, auch sie wünschten sich doch sehnlichst mehr konservative Richter.

Jedes Mal zog Trump dabei unter großem Applaus eine Kandidatenliste aus der Tasche, die ihm konservative Juristenvereinigungen zusammengestellt hatten.

Laut Umfragen war die Tatsache, dass der nächste Präsident gleich Dutzende von freigewordenen Richterstellen besetzen konnte, für republikanische Wähler im November 2016 eine weit wichtigere Motivation als für demokratische. Fast 60 Prozent der Trump-Wähler sagten, das sei für sie mit wahlentscheidend gewesen, zumal es zu diesem Zeitpunkt bereits eine Vakanz am besonders wichtigen Supreme Court gegeben habe, die der Wahlsieger füllen würde. Das hat Trump getan und gleich nach seinem Amtsantritt Anfang 2017 den konservativen Juristen Neil Gorsuch nominiert, der vom Senat auch alsbald mehrheitlich bestätigt wurde. Ende Juni 2018 legte plötzlich der 81-jährige gemäßigt konservative Supreme-Court-Richter Anthony Kennedy sein Amt nieder. Mit Kennedys Rücktritt hat Trump die Chance, den freigeräumten Platz mit einem stramm konservativen Juristen zu füllen. Die politischen Gewichte im Supreme Court würden sich damit für lange Zeit weiter nach rechts verschieben.

Einer, der damals Trump konservative Richter vorschlug, ist der 71-jährige Juraprofessor Francis Buckley, ein gebürtiger Kanadier, der erst 2014 auch die amerikanische Staatsangehörigkeit erwarb. Seine Großeltern mütterlicherseits waren Wolgadeutsche, die Ende des 19. Jahrhunderts dem russischen Zaren entflohen und sich in einer Provinz im Westen Kanadas niederließen, in der auch Französisch gesprochen wird. Als Kind besuchte Buckley dort ein katholisches Jesuiteninternat.

Buckley lehrt an der George Mason University, deren Jurafakultät in Arlington, im Bundesstaat Virginia, eine der renommiertesten konservativen Rechtsschulen Amerikas ist. Sie trägt den Namen des Anfang 2016 verstorbenen Supreme-Court-Richters Antonin Scalia, einer Ikone rechter Juristen. Sein Tod sorgte für einen leeren Stuhl am Obersten Gericht, den Trump schon 2017 mit Neil Gorsuch besetzte.

Konservative Jurisprudenz, das heißt für Republikaner und für einen wie Buckley in erster Linie: richterliche Zurückhaltung, kein juristischer Aktionismus, sich strikt an den Wortlaut der Rechtstexte halten – und nichts in die amerikanische Verfassung hineinlesen, was dort nicht schwarz auf weiß steht. Ein Recht auf Abtreibung oder gleichgeschlechtliche Ehe etwa, argumentieren die Vertreter dieser Denkschule, suche man dort vergeblich. Es sei darum allein Aufgabe des Gesetzgebers, der parlamentarischen Mehrheit – und nicht der Gerichte –, neue Rechte zu formulieren.

Allerdings sind rechte Richter, wenn es um die ihnen besonders wichtigen gesellschaftlichen Fragen geht, auch nicht gerade zimperlich. Das vom Supreme Court festgestellte Jedermannsrecht auf privaten Waffenbesitz oder das Recht auf Wahlkampfspenden durch Unternehmen findet man auch nicht in der Verfassung, sie wurden nirgendwo direkt niedergeschrieben. Darum musste sich die inzwischen konservative Richtermehrheit am Obersten Gericht 2008 und 2010 juristisch auch ziemlich verrenken, um diese Rechte mit der Verfassung zu begründen.

Wer Francis Buckley bei sich zu Hause besucht, muss erst einmal an zwei Schäferhunden vorbei. Der hochgewachsene, kräftige Professor kommt mit einer großen Heckenschere aus seinem parkähnlichen Garten, es ist Frühling und die ersten roten Kamelien blühen. Buckleys Heim thront hoch über Washington auf einem Hügel in Alexandria, auf der anderen Seite des Potomac-Flusses, im Bundesstaat Virginia. Von dort aus hat man einen grandiosen Blick auf die Hauptstadt. Im gleißenden Sonnenlicht erstrahlen das amerikanische Kapitol und das marmorne, obeliskförmige Monument noch weißer als sonst.

Francis Buckley hat sich schon früh zu Trump bekannt und dessen Wahlkampf unterstützt. Er war einer der wenigen konservativen Intellektuellen und der Einzige an seiner Rechtsfakultät, die das taten. Viele Freunde, sagt Buckley, habe er sich damit nicht gemacht.

Irgendwann Anfang 2016 schickte Buckley dem Trump-Team ein paar Vorschläge für Richterkandidaten und legte einen Redeentwurf über eine konservative Auslegung der Verfassung bei. Das Manuskript fand Gefallen, und einer der engsten Berater Trumps, der ultrarechte Stephen Miller, fragte den Professor, ob er nicht auch eine außenpolitische Rede für den Präsidentschaftskandidaten Trump schreiben könne. Buckley sagte zu und verfasste später sogar die Ansprache, die Trumps ältester Sohn Don damals auf dem Nominierungsparteitag seines Vaters hielt. Darauf ist Buckley besonders stolz.

Sein Juraexamen legte er an der renommierten Universität Harvard ab. Später lehrte er in Montreal und Chicago sowie an der Sorbonne und der Sciences Po in Paris. Buckley schrieb nicht nur Bücher über das Recht, sondern auch eins über die Moralität des Lachens.

Er ist ein Skeptiker und Ironiker, der sich gerne selber auf den Arm nimmt, ein intellektueller Grenzgänger. Oft, wie etwa beim Freihandel und Schutzzöllen, ist der »freie Marktwirtschaftler« ganz anderer Meinung als der Präsident. Amerika decke etwa 16 Prozent seines Stahlbedarfs mit Importen aus Kanada, sagt Buckley, aber führe 40 Prozent seiner Stahlprodukte dorthin aus. »Wir haben einen Handelsbilanzüberschuss mit Kanada.« Schutzzölle hält er darum für eine »riesige Dummheit«, was er auch sagt und schreibt, zum Beispiel im *Wall Street Journal*.

Dennoch würde sich Francis Buckley jederzeit wieder für Trump entscheiden. Warum? Weil nur mit diesem Präsidenten eine konservative Revolution möglich sei.

Francis Buckley im Gespräch

»Donald Trump war 2016 in meinen Augen der einzige Präsidentschaftsbewerber, der wirklich verstanden hatte, dass die Art und Weise, wie wir in Amerika die letzten Jahrzehnte Politik gemacht haben, so nicht mehr funktioniert. Dass dieses System völlig überholt, kaputt und korrupt ist.

2015 schrieb ich in mehreren Zeitungen, dass die Republikanische Partei, die politische Führung in Washington, die Institutionen und das Regierungssystem gewaltig durchgeschüttelt werden müssen. Sofort hatte ich den Ruf weg, gegen die Elite zu sein. Nun, das ist nicht weiter schlimm. Ich bin zwar ein Professor und damit in gewisser Weise elitär. Aber ich bin stolz darauf, in meiner Familie einige Autobauer zu haben und zu wissen, was Arbeiter denken und wo sie der Schuh drückt.

Für mich jedenfalls stand fest: Für eine wirklich grundlegende Umwälzung braucht man einen furchtlosen, raubeinigen und kampfeswilligen Außenseiter im Weißen Haus. Eben einen wie Trump, der allen Konventionen trotzt und die Fesseln des Systems sprengen will – und dem es völlig egal ist, wenn die anderen rufen: ›Das geht nicht! Das haben wir noch nie gemacht!‹

Nehmen wir zum Beispiel die amerikanische Justiz: 1973 hat der damals mehrheitlich linke Supreme Court geurteilt, dass eine Frau ohne Ansehen ihrer Gründe bis zum Zeitpunkt, an dem ein Fötus lebensfähig wird, eine Schwangerschaft abbrechen darf. Mein Gott, bis zum Zeitpunkt der Lebensfähigkeit eines Embryos – noch weiter kann man ein Abtreibungsrecht kaum fassen. In Deutschland habt ihr eine viel restriktivere Definition.[*]

---

[*] Nach dem Urteil des Supreme Court von 1973 – Roe v. Wade – schließen die Grundrechte auf die persönliche Freiheit und den Schutz der Privatsphäre das Recht der Frau ein, in den ersten sechs Monaten über

Nie und nimmer hätte unser Parlament, der Kongress, eine derart umfassende Abtreibungsregelung erlassen, für ein solches Gesetz hätte es keine Mehrheit gegeben. Aber weil sich die Volksvertreter der Republikaner und Demokraten nicht einigen konnten, haben linke Richter den Gesetzgeber gespielt. Das amerikanische Recht gewährt ihnen diese Möglichkeit.

Ein anderes Beispiel: Da gibt es diesen Richter auf Hawaii, der Trumps Einreisebeschränkung für Staatsbürger aus einer Reihe muslimischer Staaten gestoppt hat. Er tat das nicht nur für seine Insel Hawaii, sondern gleich für die gesamten Vereinigten Staaten von Amerika.* Zum Glück hat der Supreme Court das revidiert und Trumps Einreiseverbot für verfassungsmäßig erklärt.

Es gibt zu viele Richter, die linke Politik machen wollen. Auf diesen Aktionismus setzen die Demokraten – und sind mit ihrer Strategie immer wieder erfolgreich. Diese Strategie lautet: Wir Demokraten versuchen erst gar nicht, ein Gesetz

den Abbruch einer Schwangerschaft frei zu entscheiden. Allerdings hat das Oberste Gericht seitdem wieder einige Schranken eingeführt. Vor allem aber haben etliche US-Bundesstaaten das Recht Schritt für Schritt eingeschränkt und die Fristen teilweise drastisch gekürzt. In Deutschland ist der Schwangerschaftsabbruch nach §218 Strafgesetzbuch grundsätzlich rechtswidrig. Er bleibt aber auf der Grundlage der sogenannten Beratungsregelung unter bestimmten Voraussetzungen straffrei. Eine Bedingung: Es dürfen seit der Empfängnis (Befruchtung) nicht mehr als zwölf Wochen vergangen sein.

* Dieser sogenannte »Muslim Ban« betraf in seiner ersten und zweiten Version ausschließlich Staatsbürger aus muslimischen Staaten. Nachdem mehrere Gerichte diese Fassungen wegen offensichtlicher religiöser Diskriminierung abgewiesen hatten, setzte die dritte Version neben fünf mehrheitlich muslimischen Staaten (Iran, Jemen, Libyen, Syrien und Somalia) auch die zwei nicht-muslimischen Länder Nordkorea und Venezuela auf die Verbotsliste. Im Sommer 2018 gab der Supreme Court mit fünf zu vier Stimmen grünes Licht für diese dritte Fassung.

einzubringen und unsere politischen Ziele im Parlament durchzusetzen, denn da haben wir derzeit keine Mehrheit. Wir tragen darum den politischen Streit lieber sofort in die Gerichte, weil wir dort auf Bündnispartner zählen können.

Natürlich wählen die Demokraten für ihren Kampf – siehe Hawaii – gezielt Gerichte aus, in denen vornehmlich linke Juristen sitzen. Auch das lässt unser Rechtssystem zu. Es wird darum höchste Zeit, diesen linken Aktionismus mit Hilfe konservativer Richter zurückzudrängen. Mit Richtern, die sich an Recht und Gesetz halten.

Damit sofort nach Trumps Amtsantritt mit der konservativen Revolution begonnen werden konnte, haben wir frühzeitig Listen mit geeigneten Richterkandidaten erstellt. Es darf keine Zeit verplempert werden, Eile ist geboten. Denn noch haben die Republikaner die Mehrheit im Senat. Das ist wichtig, weil der Senat die von Trump für die Bundesgerichte vorgeschlagenen Kandidaten bestätigen muss. Wer weiß, wie dort die Mehrheitsverhältnisse nach den Kongresswahlen im November 2018 beschaffen sein werden.

Revolutioniert werden muss auch Amerikas Einwanderungspolitik. Trumps Plan, an der Grenze zu Mexiko eine Mauer zu bauen, ist dafür eine wichtige Voraussetzung – und zugleich ein geschickter Schachzug. Einige sagen, die Mauer werde faktisch nichts ändern. Damit haben sie vielleicht sogar recht, weil sich illegale Einwanderung, wie die vergangenen Jahre gezeigt haben, ebenso mit anderen Mitteln eindämmen lässt.*

---

* Die unerlaubte Einwanderung lässt sich nur schätzen. Anhaltspunkte sind die jährlich an der südwestlichen Grenze zu Mexiko gezählten Festnahmen illegaler Immigranten. Danach war im Jahr 2000 ein Höhepunkt mit 1,644 Millionen registrierten Verhaftungen. Seitdem ist diese Zahl stark rückläufig. Laut der US-Grenzpolizei wurden in den ersten drei Monaten 2018 insgesamt 174 000 Festnahmen gezählt. Für diesen Rückgang gibt es viele Gründe: In erster Linie hat sich die wirt-

Aber darauf kommt es nicht an. Die radikale Maßnahme eines Mauerbaus ist notwendig, um in ihrem Schatten Amerikas Einwanderungspolitik umzukrempeln. Würde Trump allein ein neues Einwanderungssystem zum Thema machen, würden viele entsetzt den Kopf schütteln. Die Mauer jedoch beruhigt und lenkt ab. Dahinter lässt sich der Weg zu einer wirklich revolutionären Veränderung ebnen.

Was muss geschehen? Die Einwanderungsgesetze von 1965 gehören auf den Müllhaufen der Geschichte. Sie machten Schluss mit der Bevorzugung europäischer Immigranten und setzten an ihre Stelle eine sogenannte farbenblinde Einwanderungspolitik. Das war richtig und trotzdem falsch. Denn statt gut ausgebildeter Menschen aus allen Teilen der Welt kamen Abermillionen von legalen und illegalen Lateinamerikanern. Sie hatten in aller Regel keine oder nur eine geringe Bildung.

Wer profitiert von diesem Heer billiger Arbeitskräfte am meisten? Die Landwirtschaft, die Schlachthöfe, viele Fabriken – und Amerikas Elite. Die Besserverdienenden können sich so Gärtner, Haus- und Kindermädchen leisten. Im Berufsleben der Elite jedoch spielen die Latinos keine Rolle, sie sind keine Konkurrenz. Den Druck bekommen andere zu spüren, Afroamerikaner und weiße Amerikaner ohne eine Collegeausbildung, die *blue-collar-workers*. Aber die ›kleinen Leute‹ sind der Elite egal.

Ich bin in Kanada aufgewachsen und ein großer Anhänger des dortigen Punktesystems. Denn das sorgt dafür, dass hauptsächlich gut ausgebildete Einwanderer ins Land gelassen werden. Das kanadische Regelwerk ist genauso farben-

schaftliche Lage in Mexiko deutlich verbessert. Aber auch die verstärkten Grenzpatrouillen, die erweiterten technischen Grenzsicherungen, aber auch die bereits unter Präsident Barack Obama drastisch verschärften Deportationen illegaler Einwanderer scheinen abschreckend zu wirken.

blind wie das amerikanische. Kein Land, keine Rasse, Ethnie oder Religion wird bevorzugt oder benachteiligt. Aber weil es bestimmte Qualifikationen und Qualitäten verlangt, kommen eben mehr Chinesen als Jemeniten, mehr Inder als Latinos, mehr Buddhisten und Hindus als Muslime. Trump hat das erkannt und baut zunächst einmal die Mauer. Ein wirklicher Systemwandel erfordert immer eine gewisse Rücksichtslosigkeit und Härte.

Als ich damals in den achtziger Jahren meine wissenschaftliche Karriere begann, war eines der großen sozialen Themen der Zerfall afroamerikanischer Familien. Drogen, Kriminalität und hohe Scheidungsraten setzten den Schwarzen zu. Die meisten Kommentatoren suchten die Schuld im Niedergang der Moral. Auch viele konservative Autoren stimmten ein in diesen Chor.

Heute, vierzig Jahre später, wird das gleiche Klagelied gesungen. Dieses Mal geht es nicht um die Schwarzen, sondern um arme weiße Amerikaner in den dahinsiechenden Kohle- und Industrieregionen. Meiner Meinung nach ist dafür keine sinkende Moral verantwortlich, sondern veränderte ökonomische Bedingungen und ein völlig fehlgeleitetes Wohlfahrtssystem sind schuld.

In den achtziger Jahren war ständig die Rede von den unverheirateten schwarzen Müttern, die am Tropf des Staates hingen. Ja, warum bloß? Der große Fehler lag darin, dass eine junge Mutter nur dann Sozialhilfe erhielt, wenn es in ihrem Haushalt keinen Mann gab, der ein bisschen Geld verdiente. Diese Bedingung war geradezu ein Anreiz, Familien auseinanderbrechen zu lassen. Dieses fatale System haben sich die Demokraten ausgedacht.

Natürlich haben die Linken mit ihrer Klage über die auseinanderklaffende Wohlstandsschere recht. Seit vielen Jahren leidet Amerikas Mittelschicht unter einem realen Einkommensverlust, immer weniger Menschen gelingt es, auf der Leiter nach oben zu klettern. Ende 2014 glaubte eine Mehrheit der Amerikaner zum ersten Mal nicht mehr an sozialen und wirtschaftlichen Aufstieg. Das war erschütternd und ein großer Schock.

Was die Demokraten allerdings verdrängen und was übrigens ein zentrales Thema jener Rede war, die ich damals für Trumps Sohn Don geschrieben habe: Die verfehlte Politik demokratischer Präsidenten trägt eine große Verantwortung für das Scheitern des Amerikanischen Traums. Eine Ursache ist zum Beispiel die katastrophale Bildungslage. Die von Demokraten beherrschten Lehrergewerkschaften verhindern, dass es einen wirklichen Wettbewerb zwischen öffentlichen Schulen geben kann, dass man um Schüler und die besten Konzepte konkurriert. Stattdessen herrscht vielerorts ein erschreckend niedriges Niveau, vor allem in den ärmeren Stadtteilen und auf dem Land, im Mittleren Westen, weitab der Metropolen.

Die Reichen schert das nicht, sie schicken ihre Kinder auf teure Privatschulen. Das Nachsehen hat die große Mehrheit der Amerikaner, die sich das nicht leisten kann. In einigen Gegenden sind die öffentlichen Bildungseinrichtungen nicht besser als die in Burkina Faso. Die Schulen müssen sich auch nicht anstrengen, weil ihnen keine Konkurrenten im Nacken sitzen.

Eine weitere Scheinheiligkeit der Demokraten: Sie haben einen riesigen Wust an Regeln und Gesetzen geschaffen, angeblich um damit die Schwachen vor Ausbeutung zu schützen. In Wahrheit aber wird dadurch ein Aufstieg meist verhindert. Stattdessen profitieren vor allem jene, zu deren Beruf es gehört, für möglichst viele komplizierte Regeln zu sorgen, und die ihren Lebensunterhalt damit bestreiten: Politiker, Lobbyisten und Anwälte.

Zu den linken Heucheleien zählt ebenso die Einwanderungspolitik, die, wie ich ja schon gesagt habe, vor allem arme und schlecht ausgebildete Immigranten ins Land lässt und damit den armen und schlecht ausgebildeten Amerikanern schadet.

Noch etwas ist mir wichtig: Donald Trump bricht in der Außenpolitik endlich mit alten, überkommenen Konventionen. Mit seinem brüsken Stil und der wilden Entschlossenheit, die ausgetrampelten Pfade zu verlassen, ist er weitergekommen als seine Vorgänger. Wer weiß, vielleicht erhält er für Nordkorea sogar eines Tages den Friedensnobelpreis.

Ich wünschte mir, Trump würde auch gegenüber Russland zu seinen ursprünglichen Intentionen und richtigen Instinkten zurückkehren. Als ich ihm damals gemeinsam mit zwei anderen Beratern im Wahlkampf eine Rede zu Russland schrieb, waren alle im Trump-Team der Meinung, Amerika müsse mit Wladimir Putin den Ausgleich suchen. Warum? Weil man nur dann eine Lösung im Syrienkrieg finden und die gefährliche Lage im Donbass in der Ostukraine entkrampfen kann.

Ich weiß, jetzt kommt sofort der Einwand, Putin habe sich die Krim widerrechtlich einverleibt und in der Ostukraine einen Krieg provoziert. Es war unter uns Konsens, nicht mehr mit dem Kreml über die Annexion der Krim zu streiten. Nach meiner Ansicht wäre das auch völlig sinnlos. Es sind hauptsächlich Russen, die auf dieser Halbinsel im Schwarzen Meer leben, Russlands Flotte unterhält dort einen für sie unverzichtbaren Stützpunkt – und auf der Krim residierten einst so bedeutende russische Schriftsteller wie Anton Tschechow. Es ist doch glasklar, dass Moskau nie und nimmer auf die Krim verzichten wird.

Natürlich ist es schlimm, dass sich Russland offenbar in unseren Wahlkampf eingemischt hat, auch wenn der schlagende Beweis dafür noch nicht erbracht wurde, ebenso wenig wie sich der Vorwurf erhärtet hat, Trump habe im

Wahlkampf unerlaubte Kontakte zu Russland unterhalten. Die Medien kommen fast jeden Tag mit irgendeiner angeblichen Enthüllungsgeschichte heraus, viele davon sind belanglos. Es wäre besser, die Journalisten würden warten, bis sie wirklich einen hieb- und stichfesten Beweis gefunden haben.

Und was Russlands Einmischung in den amerikanischen Wahlkampf anbelangt: Die Vereinigten Staaten sind diesbezüglich fürwahr selber kein Unschuldslamm. Dutzende Male haben sie mit Hilfe des Auslandsgeheimdienstes CIA andernorts Wahlen beeinflusst und nicht genehme ausländische Regierungen gestürzt. Ich nenne nur sieben Beispiele: Iran 1953, Guatemala 1954, Kongo 1960, Dominikanische Republik 1961, Südvietnam 1963, Brasilien 1964, Chile 1973.*

* Mit Hilfe des amerikanischen Auslandsgeheimdienstes CIA wurde 1953 der linksgerichtete iranische Ministerpräsident Mohammed Mossadegh gestürzt. Er hatte die iranische Ölindustrie verstaatlicht und die Macht des Schahs in Frage gestellt. Amerika fürchtete, Iran könnte sich im Kalten Krieg mit der Sowjetunion verbünden.

Unter Mitwirkung der CIA fand 1954 ein Militärputsch gegen den guatemaltekischen Präsidenten Jacobo Árbenz statt, der mit seinen Landreformen die Interessen des mächtigen amerikanischen Konzerns United Fruit Company störte.

Die CIA hatte 1960 auch ihre Hände bei den Attentatsversuchen auf den Kongolesen Patrice Lumumba, wahrscheinlich auch bei dessen Gefangennahme und späterer Ermordung, im Spiel. Lumumba war Kongos erster Premierminister und wurde durch eine Intervention der einstigen Militärmacht Belgien aus dem Amt gedrängt. Belgien sah seine Wirtschaftsinteressen in Gefahr, Lumumba ging in den Untergrund und schuf eine Widerstandsarmee, die einen Großteil ihrer Waffen aus der Sowjetunion erhielt.

1961 wurde in der Dominikanischen Republik der brutale Diktator Rafael Trujillo ermordet. Der Attentäter soll von der CIA unterstützt worden sein.

1963 stürzte und tötete das südvietnamesische Militär mit Rückendeckung der Amerikaner den Staatsführer Ngo Dinh Diem. Die USA waren bereits in den Vietnamkrieg verstrickt, und Diem wurde für sie

Leider suchen viele Republikaner im Kongress und auch einige Mitglieder der Trump-Regierung wieder die Konfrontation mit Wladimir Putin. Das ist ein schwerer Fehler und bringt uns nicht weiter. Aber ich habe Vertrauen in Trump. Er hat sich am Ende immer gegen seine Widersacher durchgesetzt.

Das gilt übrigens ebenso für die politisch-kulturellen Schlachten. Auch die hat Trump bislang fast immer gewonnen. Nur ein Beispiel: In den vergangenen Jahren waren Afroamerikaner immer wieder Opfer weißer Polizeigewalt. Als Zeichen des Protests weigerten sich darum schwarze Footballspieler, beim Singen der Nationalhymne zu stehen, und knieten stattdessen. Viele Vereine unterstützten sie dabei. Trump fand das ungehörig und unpatriotisch, er hatte viele Amerikaner auf seiner Seite. Am Ende knickten die Vereine ein. Wer jetzt kniet, muss eine saftige Strafe bezahlen.

Nicht alles, was Trump macht, ist von Anfang an durchdacht und gradlinig. Die konservative Revolution muss halt manchmal einen Zickzackkurs steuern. Hauptsache, sie kommt ans Ziel.«

wegen seiner Rücksichtslosigkeit gegenüber buddhistischen Dissidenten zur politischen Belastung.

1964 unterstützten Washington und die CIA den Militärputsch gegen Brasiliens linken Präsidenten João Goulart, der, wie es der damalige US-Botschafter Lincoln Gordon ausdrückte, aus Brasilien ein neues China machen wolle.

1973 förderten die amerikanische Regierung und die CIA nach Kräften den Militärputsch gegen Chiles sozialistischen Präsidenten Salvador Allende. Die USA sahen ihre wirtschaftlichen Interessen gefährdet und fürchteten, das südamerikanische Land könnte wie Kuba ein Verbündeter der Sowjetunion werden.

»Wir müssen die weiße, christliche Rasse retten.« (Ron Edwards, Kentucky)

Vorspann

Im Juli 2008 schrieb David Duke, einer der führenden amerikanischen Neonazis: Sollte Barack Obama Präsident werden, wäre das für alle Weißen eine »Sehhilfe«. Dann würden sie endlich begreifen, dass sie als Rasse und als bestimmende Kraft in den Vereinigten Staaten dem Untergang geweiht seien.

Drei Jahre später betrat Donald Trump die politische Bühne und behauptete, Obama sei nicht in Amerika zur Welt gekommen, weshalb er nach der Verfassung nie Präsident hätte werden dürfen. Selbst als Obama seine Geburtsurkunde aus Hawaii vorlegte, ließ Trump nie ganz von seiner Verschwörungstheorie ab.

Als Trump sich 2016 um die republikanische Präsidentschaftskandidatur bewarb, empfahl David Duke, ihn zu wählen. Trump sei »der Beste« aus der Truppe, sagte der studierte Historiker, der einst als »Grand Wizard«, eine Art Großer Hexenmeister, einen Verband militanter weißer Rassisten des Ku-Klux-Klan (KKK) führte. Nach Trumps Vereidigung als Präsident frohlockte Duke, nun sei ein Traum wahr geworden: »Die Ideen, für die ich gekämpft habe, haben gewonnen«.

Unter dem Motto »Vereinigt die Rechte« organisierte Duke wenige Monate später gemeinsam mit anderen Rechtsextremisten in Charlottesville im Bundesstaat Virginia den Protest gegen die Entfernung einer Statue des Südstaatengenerals und Sklavenhalters Robert E. Lee. Zwei Tage lang zogen Hunderte von Neonazis sowie weiße Suprematisten durch die Universitätsstadt, wobei sie sich Schlachten mit Gegendemonstranten und der Polizei lieferten. Dabei skandierten

sie Sprüche wie: »Die Juden werden uns nicht vertreiben!«
Und Duke posaunte, man wolle Trumps Versprechen erfüllen und »das Land zurückerobern«. Am Ende raste ein Hitlerverehrer mit seinem Auto in eine Gruppe von Gegendemonstranten. Eine 32-jährige Frau kam dabei ums Leben, fast zwei Dutzend Menschen wurden verletzt.

Die große Mehrheit der Amerikaner war tief erschüttert. Trump jedoch zierte sich, die Rechtsextremisten klar zu verurteilen. Er verharmloste den Hass der Horden und sagte, die Schuld an der Gewalt sei »auf vielen Seiten« zu suchen. Erst als ihn auch namhafte Republikaner für diese windelweiche Stellungnahme kritisierten, gab er zwei Tage später im Weißen Haus eine Erklärung ab, in der er die Neonazis und KKK-Mitglieder »Kriminelle« und den Rassismus ein »Übel« nannte.

Doch kurz darauf nahm Trump in einer Pressekonferenz wieder seine ursprüngliche Haltung ein und schob erneut ebenso »den Linken« die Schuld in die Schuhe. Niemand traue sich das zu äußern, wütete er mit hochrotem Kopf, aber »ich sage es jetzt«. Wenig später twitterte der Neonazi David Duke: »Danke, Präsident Trump, für Ihre Ehrlichkeit und den Mut, die Wahrheit über Charlottesville zu sagen und linke Terroristen zu verurteilen.«

Natürlich kann Donald Trump nichts für diesen ungebetenen Beistand. Der Präsident nimmt zwar in vielen Fragen eine stramm rechte Position ein, aber er ist kein Rechtsextremist. Und selbstverständlich kann man über den Denkmalsturz von Charlottesville durchaus geteilter Meinung sein. 2017 wurden vielerorts die Statuen von ehemaligen Südstaatengenerälen entfernt. Es gibt nicht nur rechte und nicht nur weiße Amerikaner, die das übertrieben finden. Ihrer Meinung nach dürfen heutige Wertmaßstäbe und Erkenntnisse nicht einfach auf früher übertragen und sämtlichen Personen der Geschichte übergestülpt werden.

Nur: Seit seinen Anfängen als Politiker distanziert sich Trump von rechtsextremer Schützenhilfe, wenn überhaupt, nur spät und halbherzig. In seinem Beraterteam beschäftigte er jedenfalls zu Beginn einige extremistische Leute, von denen so mancher gern einmal von der Überlegenheit der weißen Rasse schwafelte. Und immer mal wieder spielt auch Trump mit dem Feuer des Rassismus, wenn er zum Beispiel Mexikaner als »Vergewaltiger« bezeichnet.

Das beklagt auch das Southern Poverty Law Center (SPLC) in Montgomery, Alabama. Die 1971 von Bürgerrechtsanwälten gegründete Organisation führt Buch über rechte, linke und religiöse Hassvereine in den Vereinigten Staaten. Das SPLC berichtet über den Zulauf, die Aktivitäten und Straftaten. Es bietet Opfern auch Rechtshilfe an. Seit Donald Trump an der Macht ist, veröffentlicht der Verein außerdem monatlich eine »Hassstatistik des Weißen Hauses«. Die Begründung: Der 45. Präsident habe es ermöglicht, dass »extremistische Gedanken die Rhetorik und die Agenda der Regierung infiltrieren«.

Bereits in Trumps erstem Amtsjahr registrierte das SPLC einen sprunghaften Anstieg der Zahl rassistischer Webseiten und rechtsextremistischer Gruppen, die sich, wie man in Charlottesville gesehen habe, immer offener zeigen würden. Statt Hakenkreuz und KKK-Kapuzen, so das SPLC, trügen viele weiße Suprematisten heute »schicke Frisuren, Khakihosen und Poloshirts«. Gewachsen seien im Jahr 2017 vor allem Neonazivereine, gefolgt von jenen Gruppen, die in erster Linie Hass gegen Muslime und Einwanderer verbreiteten.

Beim Fackelzug in Charlottesville marschierten auch Rechtsextremisten aus dem Dunstkreis von Ron Edwards mit, einem ehemaligen Ku-Klux-Klan-Führer wie David Duke. Fast zehn Jahre zuvor, im Sommer 2009, traf ich Edwards in einem paramilitärischen Ausbildungslager in den Wäldern von Kentucky. Es war wenige Monate nach der

Amtseinführung von Barack Obama, die Übergriffe weißer Rassisten auf Schwarze wie Latinos hatten zugenommen und der amerikanische Inlandsgeheimdienst FBI stufte die Gefahr eines Anschlags auf den schwarzen Präsidenten als ziemlich hoch ein.

Das Southern Poverty Law Center brachte mich damals auf die Spur von Edwards. Es gelang mir, seine Handynummer herauszufinden. Erst nach Dutzenden von Versuchen nahm er ab. Wir verabredeten ein Treffen, das er immer wieder verschob. Im Juni 2009 war es endlich so weit.

Einen Tag vorher suchte ich noch einen rechtsextremen Radiosender in Memphis, Tennessee, auf. Der erfreute sich einer rasant wachsenden Zuhörerschaft, denn schon damals wurde über den Abriss von Südstaatendenkmälern gestritten. Die beherrschenden Themen der kleinen Radiostation waren die Marginalisierung weißer Amerikaner, die Heldenhaftigkeit der Südstaatenarmee und die dringende Notwendigkeit einer erneuten Sezession. Weiße Amerikaner sollten sich in den abgespalteten Südstaaten niederlassen und wie einst die Konföderation eine eigene, weiße Ordnung errichten.

Der Moderator Bill Rolen, ein smarter junger Mann in Jeans, Turnschuhen und mit dunklem, gegelten Haar, sendete aus einer kleinen Industriebaracke unweit des zu traurigem Ruhm gelangten Loretta Hotels, auf dessen Balkon der schwarze Bürgerrechtler Martin Luther King am 4. April 1968 von einem weißen Rassisten erschossen wurde. Rolen und ein weiterer Begleiter fuhren mit mir zum »Park der Konföderation«, der vier Jahre später auf Beschluss der Stadtversammlung in »Memphis-Park« umbenannt wurde. Zwei Drittel der Einwohner von Memphis sind Afroamerikaner.

In der Mitte einer von Bäumen gesäumten Grünfläche auf einem Hügel am Ufer des Mississippi stand damals die gewaltige Statue von Jefferson Davis. Wie die Lee-Statue in

Charlottesville musste auch sie 2017 nach großem Streit weichen. Der Politiker und Offizier Davis war während des amerikanischen Bürgerkriegs von 1861 bis 1865 Präsident der Südstaaten gewesen und hatte auf seiner Plantage über hundert Sklaven gehalten. Als wir sein Denkmal im Park erreichten, enthüllten meine Begleiter eine riesige Südstaatenflagge und salutierten. Wenige Stunden später machte ich mich auf den Weg zu Ron Edwards, der damals ein großer Fan dieses Radiosenders aus Memphis war.

Besuch bei Ron Edwards

Hierher verirrt sich kein ungebetener Gast. Der namenlose Ort liegt in einem einsamen Wald- und Sumpfgebiet im Süden des US-Bundesstaats Kentucky, die nächste kleine Stadt, Dawson Springs, ist meilenweit entfernt. Millionen von Mücken schwirren über den feuchten Wiesen, in der Ferne heulen Kojoten. Kein Mensch weit und breit. Doch hinter einer Biegung stehen ein verkohltes Holzkreuz und ein abgebranntes Hakenkreuz am Wegesrand. Im Gras glitzern goldgelbe Patronenhülsen. Ein rostiger Metallzaun schlängelt sich zwischen den Bäumen hindurch. Dahinter, in einer Senke, duckt sich eine Handvoll windschiefer Baracken. Über ihnen flattern zwei Fahnen: die rot-weiß-blaue der ehemaligen Südstaatenseparatisten – und eine rote mit den schwarzen Buchstaben »KKK«. Sie verkündet: Hier wohnen Anhänger des Ku-Klux-Klans, jener weißen Geheimloge, die bis weit in die zweite Hälfte des 20. Jahrhunderts Schwarze an Bäumen aufknüpfte oder bei lebendigem Leib verbrannte.

Kein Licht, keine Stimme, niemand rührt sich. Im Wind quietscht eine leere Kinderschaukel. Es scheint, als hätten die Bewohner den Ort fluchtartig verlassen, wären da nicht die zähnefletschenden Hunde an den rostigen Ketten. Und wären da nicht das rote Auto und der braune Pick-up-Truck, die wie aus dem Nichts auftauchen und eine riesige Staubwolke aufwirbeln. Zwei Männer und eine Frau steigen aus.

Der Glatzköpfige unter ihnen knurrt: »Ich bin Ron Edwards«, und brüllt dann laut: »Wolfgang, Wooolfgang!« Sofort legt sich einer der riesigen Hunde winselnd vor ihm auf den Boden. Er ist ein Mischling, halb Schäferhund, halb Wolf, und der ganze Stolz seines Besitzers. »Nur unter Tieren akzeptieren wir Mischlinge, Bastarde«, sagt Edwards grinsend. »Amerikas schwärzester Tag war der 20. Januar 2009, als mit Obama ein Bastard, ein Nigger und Ausländer ins Weiße Haus einzog.«

Seine Weltanschauung hat sich Edwards auf die Haut tätowieren lassen: SS-Runenzeichen, das Hakenkreuz, die weiße Kapuze des Klans, »Tod den Zionisten« und das Wort »Hass«. Die weiße Rasse, sagt er, sei vom Untergang bedroht. »Wir müssen sie retten und wieder stark machen. Ihr gehört Amerika.« Schwarze, Latinos, Asiaten und Juden sollten in »ihre Heimat« zurückgeschickt werden.

Wir schreiben den Monat Juni 2009, ein gutes halbes Jahr nach der Wahl von Barack Obama, dem ersten schwarzen Präsidenten Amerikas, und dies ist eine Reise ins Zentrum der Imperialist Klans of America (IKA) in den Wäldern von Kentucky. Edwards' Truppe ist damals laut Sicherheitsexperten die zweitgrößte und wohl gefährlichste rechtsextremistische Organisation der USA. Aus ihrem Umfeld heraus wurden in den Jahren zuvor mehrere Verbrechen verübt: Im Juli 2006 schlugen vier Mitglieder der IKA auf einem Jahrmarkt den 16-jährigen Jordan Gruver halb tot. Sie hatten den Sohn eines Lateinamerikaners und einer indianischen Mutter aus Kentucky für einen »spic«, einen illegalen Einwanderer, gehalten. Im November 2008, kurz nach Obamas Wahl, verhaftete das FBI in Tennessee zwei weiße Skinheads, die geplant hatten, den neuen »Nigger-Präsidenten« umzubringen und ein Massaker an mindestens hundert Schwarzen zu verüben. Einer von ihnen ist mit Edwards' erwachsenem Sohn Steven befreundet und gehörte einst zu dessen gewalttätiger Skinheadgruppe »Supreme White Alliance«.

Rechtsextreme Gruppen wie Edwards' Klan verbreiteten auf ihren Websites unentwegt Hass, berichten die Sicherheitsfachleute in Washington. Sie seien deshalb für die Verbrechen und die wachsende Terrorgefahr mitverantwortlich, denn die Gewalttäter holten sich in diesen Gruppen »ihr ideologisches Rüstzeug«. Das gilt zum Beispiel für jenen weißen Rassisten aus Maine, der nicht hinnehmen wollte, dass seine Landsleute einen Afroamerikaner ins Weiße Haus gewählt hatten, und in dessen Küche die Polizei Material zum Bau einer schmutzigen Bombe entdeckte. Oder den Mann aus Massachusetts, der am Tag nach Obamas Amtseinführung zwei Schwarze ermordete. Und ebenso den 88-jährigen James von Brunn, der im Juni 2009 das Holocaust-Museum in Washington stürmte und einen Wächter erschoss. In seinem Auto fand das FBI einen Zettel mit den Worten: »Obama ist ein Geschöpf der Juden.«

Nicht jeder rassistische Anschlag, sagt Morris Dees, Mitbegründer des Southern Poverty Law Center in Montgomery (SPLC), Alabama, sei gegen Obama gerichtet, aber die Wut erstrecke sich meist auch auf ihn. Im Frühjahr 2009 schlugen die SPLC-Experten erstmals Alarm, die Geheimdienste und Obamas Ministerin für Heimatschutz, Janet Napolitano, sind ebenfalls besorgt: Die Gefahr eines Attentats auf Obama ist ihrer Ansicht nach gewachsen.

Die Leute vom SPLC haben beobachtet, dass Nazi-, Skinhead- und Ku-Klux-Klan-Gruppen seit einiger Zeit regen Zulauf erhalten. Bei einer Demonstration gegen Obama in Washington hätten einige mit Tarnanzügen bekleidete Teilnehmer Attrappen von Sturmgewehren getragen und gerufen: »Wir sind aus Montana und Utah gekommen – das letzte Mal unbewaffnet.«

Noch in der Nacht, in der Obama gewählt wurde, sagt Ron Edwards voller Stolz, sei sein gesamtes Computernetz unter dem Andrang von Sympathisanten zusammengebrochen. »Tausende von Patrioten wollten ihrem Zorn Ausdruck verleihen.« Doch die Anschuldigungen gegen seinen Klan weist der 49-Jährige weit von sich. Er ruft die von ihm mit betriebene Website auf: »Da steht es doch: ›Wir, die Imperialist Klans of America, sind gegen Gewalt und gesetzestreu!‹«

Auf seine linke Glatzenhälfte hat Edwards »Fuck the SPLC!« tätowieren lassen. Er verachtet diesen Bürgerrechtsverein, dessen Ziel es ist, »Hassverbrechen« öffentlich zu machen und zur Anklage zu bringen. Auch Edwards sitzt die Justiz im Nacken. »Soll sie doch kommen«, sagt er und nestelt am Schaft seiner Pistole, die locker im Bund seiner Bluejeans steckt.

Ron Edwards geht hinüber zu einer kleinen, weißen Baracke gleich neben dem Einlass im Metallzaun. Vor der Tür tritt er sich die Stiefel an einer abgewetzten Israelfahne ab und grinst: »Die Juden haben nichts Besseres verdient.« An der Wand hängen Fotos vom Nürnberger Reichsparteitag und von Fackelmärschen der SA. Auf einem Regal liegen ein Dutzend Stahlhelme.

Edwards zieht eine Schublade auf und holt einen zehnseitigen, eng gedruckten Schriftsatz heraus. Den hat sein Anwalt schon einmal vorsichtshalber für ein drohendes Strafverfahren verfasst. Darin heißt es, der Klanchef und seine IKA bedienten sich zwar einer drastischen, militanten Sprache, aber im Grunde seien sie friedliebend. Das Verfassungsrecht auf Rede- und Meinungsfreiheit schütze selbst Hassreden. »Ich bin ein radikaler Traditionswahrer«, sagt Edwards und deutet auf die Südstaatenfahne vor dem Tor. »Ich verteidige das weiße Amerika, das Erbe der Konföderation und die Bräuche des Ku-Klux-Klans! Das macht mich nicht zu einem Verbrecher!«

Die alte Flagge des Südens flattert noch vor vielen Häusern, nicht nur in Kentucky. Auf Flohmärkten bieten Händler alte Bürgerkriegsorden feil und singen ein Hohelied auf die heldenhafte Konföderiertenarmee. Während in vielen Städten Amerikas versucht wird, dieses unheilvolle Kapitel der Geschichte geradezurücken, klammern sich fern der Metropolen manche Weißen an die alte Verklärung.

Doch Ron Edwards betreibt weder eine Nostalgieshow noch Südstaatenfolklore. Der Große Hexenmeister, der »Grand Wizard« und Anführer der Imperialist Klans of America, verbindet althergebrachten weißen Rassismus mit der gewalttätigen Ideologie der Neonazis. Er selbst bekennt: »Ich bin ein wenig von allem, ein bisschen Klan, ein bisschen Nazi, ein bisschen Skinhead.«

Dieses hochexplosive Gemisch, sagt Morris Dees vom SPLC, ziehe oft »verwirrte Einzelgänger an, Gestrandete, die wir landläufig einsame Wölfe nennen«. Doch die tödlichen Anschläge auf die Kennedys und Martin Luther King hätten schmerzlich gezeigt, dass die Attentäter am Ende gar nicht immer so einsam gewesen seien wie vermutet.

Im Camp des IKA herrscht inzwischen reger Betrieb. Aus einer Hütte tritt ein Mann in weißem Umhang und weißer Kapuze. In dieser Verkleidung des KKK baut er sich vorm Christenkreuz auf und bekennt lauthals, dass ihm der in Washington ermordete Wärter des Holocaust-Museums »kein bisschen« leidtue. Zum Glück gebe es Klan-Leute wie ihn, die das weiße Amerika verteidigten und aller Welt zeigten, »dass wir kein Holocaust-Museum auf unserem Boden wollen«. »Schreiben Sie, dass so ein Mord vorkommt, wenn weiße Christen in die Ecke gedrängt werden.«

Inzwischen ist auch Jim Steeley, Edwards' rechte Hand, aufgetaucht. Der schmächtige Mann in Tarnhose und Stiefeln war früher Sozialarbeiter im Gefängnis. Er begrüßt die anderen mit Hitlergruß und führt mich durchs Gelände. Auf einer Lichtung hinter den Baracken, gleich neben dem Spielplatz für die Kinder der Klangemeinde, steht eine große überdachte Bühne, auf der jedes Frühjahr zwei Tage lang das »Nordische Fest« zelebriert wird. Aus allen Himmelsrichtungen reisen dann bis zu fünfhundert Skinheads samt ihren Familien an und singen Hasslieder wie »Ein dreckiger Jude verdient nichts anderes als den Tod!« oder »Lasst uns die Mexikaner in Särgen nach Hause schicken!«.

Edwards ist stolz darauf, dass er die zersplitterte rechtsextreme Szene aus Skinheads, Neonazis und KKK-Leuten unter seinem Dach zusammenführt. Wenn es beim Nordischen Fest Abend wird, verteilt er Fackeln und zündet auf der Wiese das Christenkreuz an. Im Feuerschein baumelt die von der Bühne hängende weiße Henkerschlinge, die seit 130 Jahren als Erkennungszeichen der Rassisten des Ku-Klux-Klan dient. Im Jahr der Obama-Wahl fand man solche Schlingen vermehrt auf Schulhöfen und an den Türen afroamerikanischer Professoren. »Keine Angst, wir haben hier im Wald bislang noch keinen Nigger aufgeknüpft!«, sagt Sheeley und lacht laut.

Ein paarmal im Jahr treffen sich im Wald von Kentucky einige Dutzend Rechtsextremisten zum Kampftraining. In Tarnuniformen robben sie durchs Unterholz und schießen mit Sturmgewehren wie der halbautomatischen AK-15 auf bewegliche Zielscheiben. Am beliebtesten ist eine mit dem Foto eines davonrennenden Schwarzen, der eine verblüffende Ähnlichkeit mit Barack Obama hat. Ron Edwards nennt ihn den »Runaway-Nigger«.

»Nicht ich habe die Demokraten verlassen, sondern die Demokraten mich.« (Kay Bartels, Wisconsin)

Vorspann

Dick und Kay Bartels aus Richland County im US-Bundes-staat Wisconsin sind Farmer. Oder besser gesagt: Sie waren Farmer, denn seit einigen Jahren sind sie im Ruhestand. Dick Bartels ist 72, seine Ehefrau Kay 69 Jahre alt. Die Bartels' kommen gut zurecht mit ihrer Rente und dem Geld, das ihnen die Verpachtung der Felder einbringt. Ihr Vieh haben sie schon vor langer Zeit verkauft.

Dick Bartels, ein kräftiger, bärtiger Mann, arbeitete 42 Jahre lang als Käsemacher in einer großen Molkerei. Sein regelmäßiges Einkommen sorgte dafür, dass immer genug Geld in der Haushaltskasse war. Derweil bewirtschaftete Kay den Hof, eine stämmige Frau mit dichtem schwarzem Haar und einem gewinnenden Lachen. Die Bartels' haben vier Kinder, eine Tochter und drei Söhne.

Vor ihrem Wohnhaus stehen zwei Fahnenmasten. An einem weht das Sternenbanner, am anderen die Fahne der US-Marines, einer Eliteeinheit des amerikanischen Militärs. Ende der sechziger Jahre war Dick Bartels als Soldat im Vietnamkrieg, in Da Nang, einem wichtigen Flottenstützpunkt in Südvietnam. Nach einem halben Jahr wurde seine Einheit nach Okinawa in Japan verlegt. »Zum Glück«, sagt Bartels.

Das ebenerdige Farmhaus, der große Schuppen und die ochsenblutrot gestrichene Scheune der Bartels' stehen in einem kleinen Tal, umsäumt von grünen Hügeln, reißenden Bächen und Wäldern voller Eichen- und Ahornbäume. Eine Landschaft wie gemalt. Während die gigantischen Eismassen der Eiszeit weite Teile Wisconsins plattdrückten, blieb

diese bergige Gegend im Südwesten, am Rande des Mississippi, verschont. Wenn die Bartels' Appetit auf Fisch haben,
fangen sie Forellen in einem nahegelegenen Bach. In der
Jagdsaison schießen sie im Wald hinter den Feldern Damwild und Truthähne. Das Fleisch wird in großen Kühltruhen
gelagert.

Kay Bartels sagt, sie freue sich jeden Morgen aufs Neue
über »diesen schönsten Platz auf Gottes Erde« und serviert
warme, selbstgebackene Schokoladenkekse. Um nichts in der
Welt würde sie tauschen wollen. Dabei hat sich in den letzten zehn, fünfzehn Jahren so viel um sie herum verändert,
nicht nur zur Freude der Bartels'. Immer mehr Bauern ziehen
fort, weil ihnen der Ertrag zu gering geworden ist oder ihre
Kinder den Hof nicht übernehmen wollen. Zwischen die
Hügel passen keine großen Felder. Die meisten Farmer halten darum Kühe und bauen lediglich ein bisschen Getreide
an. Wisconsin ist Amerikas Molkerei.

Verkauft werden Haus und Hof immer öfter an die Amischen. Die Angehörigen dieser streng religiösen täuferisch-
protestantischen Glaubensgemeinschaft stammten einst aus
Süddeutschland und der Schweiz. Traditionell in der Landwirtschaft tätig, sind sie gute Bauern und führen ein karges,
selbstgenügsames Leben. Moderne Techniken lehnen die
Amischen ab. Aus diesem Grund spannen sie ein Pferd oder
einen Ochsen vor ihren Pflug und bewegen sich auf den Straßen statt mit dem Auto mit Pferd und Wagen fort.

Die Amischen bekommen viele Kinder und brauchen darum für ihren Nachwuchs immer mehr Land. Von Pennsylvania, wo sie sich ursprünglich niederließen, haben sie sich
inzwischen in vielen Staaten des Mittleren Westens und
Nordostens ausgebreitet. Selbst im südlichen Florida gibt es
Gemeinden.

Auch die Nachbarn der Bartels' sind Amische. Das war
zwar zuerst durchaus gewöhnungsbedürftig, aber inzwi-

schen mag man sich und hilft einander. Zweimal im Jahr lädt Kay Bartels zu gebratenem Fisch ein, den sie in großen Mengen tiefgefroren aus dem Urlaub in Texas mitbringt. Mindestens siebzig bis achtzig Gäste finden sich dann auf dem Hof ein, die Verwandten, Mitglieder aus Kay Bartels' Kirchengemeinde, Freunde und die Amischen aus der Nachbarschaft.

Was man in diesem entlegenen Landstrich nicht vermuten würde: Die Bewohner von Richland County haben nach der Wahl von Donald Trump die Neugier von Wahlforschern, Soziologen und Journalisten geweckt. Selbst aus dem Ausland reisten einige an. Denn Richland County ist einer von 19 Wahlkreisen in ganz Amerika, die seit 1980 jedes Mal verlässlich für den Sieger der Präsidentschaftswahl gestimmt haben. 2008 und 2012 machten dort die meisten Wähler ihr Kreuz bei Obama, 2016 bei Trump.

Richland County ist mitnichten ein Spiegelbild oder gar ein Mikrokosmos der Vereinigten Staaten. Dort leben gerade einmal 20 000 Menschen, und zählt man jene aus den Nachbarbezirken hinzu, sind es nicht mehr als 200 000. Es gibt viele Farmer und keine nennenswerten Städte, die meisten Leute sind *blue-collar-workers* – und zu 97 Prozent weiß. Die Gegend gehört zu den bodenständigsten und weißesten Landstrichen Amerikas. Nach allen wissenschaftlichen Erkenntnissen müssten darum die Wähler eigentlich seit Ewigkeiten für die Republikaner stimmen.

Doch die Leute aus Richland County – und das macht sie so interessant – widerlegen die gängige und oft zutreffende These: Sag mir, wo du wohnst, und ich sage dir, wen du wählst. Wie die sich in dieser Hügelwelt windenden Straßen schlagen auch die Bewohner mal die eine, mal die andere Richtung ein, wählen mal links, mal rechts. Kay Bartels zum Beispiel hat 2008 ihr Kreuz bei Barack Obama gemacht, 2012 warf sie einen leeren Zettel in die Urne, 2016 gab sie Donald Trump ihre Stimme.

Als ehemalige Obama-Wählerin, als Frau war sie für Trump? Ausgerechnet für den Kandidaten, der einmal damit prahlte, dass er, wenn er wolle, jeder Frau zwischen die Beine fassen könne? Für Kay Bartels ist das eine dumme, unverständliche Frage. Millionen von Frauen hätten für Trump gestimmt, Millionen von Frauen hätten 1992 und 1996 auch für den Schwerenöter Bill Clinton gestimmt. Oder 1960 für den notorischen Ehebrecher John F. Kennedy. Doch bei der Person von Donald Trump würden diese Tatsachen unter den Tisch fallen. Stattdessen hätten sich die Bilder vom Tag nach seiner Amtseinführung verfestigt, als Hunderttausende von demonstrierenden Frauen in Washington und in anderen Städten skandierten: »Not my president!«

»Er ist aber mein Präsident«, sagt Kay Bartels, »und der Präsident von Millionen anderen Frauen auch.« Zwar stimmte im November 2016 die Mehrheit aller Amerikanerinnen für Hillary Clinton, doch 53 Prozent der weißen Wählerinnen gaben Trump den Vorzug – und jene weißen Frauen ohne einen Collegeabschluss, zu denen auch Kay Bartels zählt, sogar zu 62 Prozent.

»Was ist bloß mit den weißen Frauen los?«, fragten Amerikas Zeitungen ebenso im vergangenen Dezember bei einer Nachwahl für einen freigewordenen Senatorenposten in Alabama. In diesem Südstaat gewinnen schon seit Ewigkeiten immer nur Republikaner. Doch dieses Mal war der Kandidat für den vakanten Sitz im Kapitol zu Washington ein ultrakonservativer Richter, der beschuldigt wird, als 30-Jähriger Mädchen im Teenageralter sexuell belästigt zu haben. Roy Moore verlor ganz knapp gegen einen Demokraten, was in Alabama fast an ein Weltwunder grenzte und vor allem den in großer Zahl erschienenen schwarzen Wählern und den Frauen zu verdanken war. Dennoch: Die Hälfte der weißen Wählerinnen machte ihr Kreuz immer noch bei Moore.

Es sei ein Irrglaube anzunehmen, weiße Frauen würden aufgrund ihres Geschlechts völlig andere Ansichten vertreten als weiße Männer, erläutert Ray Streeter von der renommierten konservativen Denkfabrik American Enterprise Institute (AEI). Gerade im Süden und im Mittleren Westen unterstützten weiße Frauen jene Politiker, die gegen ein Recht auf Abtreibung seien und sich für die Stärkung traditioneller Familienwerte und christlicher Tugenden einsetzten.

So sieht das auch Keith Humphreys, der im Appalachen-Gebirge von West Virginia aufwuchs und heute Professor für Psychiatrie an der renommierten Stanford-Universität in Kalifornien ist. Jenseits der Küsten und der großen Städte, sagt er, verherrlichten viele weiße Frauen noch die alten Rollenbilder, mit denen sie aufgewachsen seien. Sie wünschten sich ein Leben, in dem sie sich allein um die Kinderschar kümmern könnten, während der Mann mit seiner Hände Arbeit genug Geld verdiene, um die Familie zu ernähren. Die moderne, von wirtschaftlichen Bedingungen dominierte Lebensweise empfänden diese Frauen als Angriff auf die traditionelle Mutterrolle (siehe zu Keith Humphreys auch S. 131 ff.).

Kay Bartels aus Richmond County in Wisconsin hat immer gearbeitet und hätte es auch nie anders gewollt. Sie ist zufrieden mit ihrem Leben. Trotzdem sagt auch sie, früher sei vieles besser gewesen und Amerika müsse sich wieder mehr auf die Familienwerte besinnen.

Kay Bartels im Gespräch

»Eigentlich habe ich bis vor fünf, sechs Jahren mein Wahlkreuz meist bei den Demokraten gemacht. So bin ich aufgewachsen, sie waren die Partei der bodenständigen, hart arbeitenden Menschen, der Familien. Jetzt heißt es auf einmal, wir Arbeiter und Bauern aus dem Mittleren Westen hätten der Partei den Rücken gekehrt. Aber es ist genau umgekehrt: Die Demokraten haben uns verlassen. Sie interessieren sich nur noch für die hippen Menschen an den Küsten und in den großen Städten.

Nichts gegen Kalifornien, da ist es sehr schön. Ich habe nach meiner Schulzeit selber mal in Santa Monica in einem Büro gearbeitet. Das Wetter, die Strände, wunderbar! Doch der Alltag war sehr hektisch, ständig stand ich mit dem Auto im Stau. Nach ein paar Jahren bekam ich furchtbares Heimweh und bin nach Wisconsin zurückgekehrt. Keine Erdbeben mehr, keine Waldbrände, keine Erdrutsche nach heftigen Regenfällen! Und hier im Mittleren Westen zählen noch Werte, die an Orten wie Kalifornien längst verlorengegangen sind: die Familie, die Religion, der gesunde Menschenverstand.

Barack Obama hat sich noch für uns *blue-collar-workers* interessiert, er kam im Wahlkampf nach Wisconsin. Hillary Clinton fand das nicht mehr nötig. Sie dachte wohl, sie hätte die Wähler von Wisconsin bereits im Sack und müsste nicht um sie werben. Für Demokraten wie Clinton sind wir *rednecks*, ungebildetes Landvolk, das man getrost vergessen kann. Donald Trump aber war alles andere als hochnäsig. Er war mehrmals hier und hat bis zu sechs Stopps am Tag eingelegt, um mit so vielen Leuten wie möglich zu sprechen.

Trump ist mir als Typ nicht besonders sympathisch, keiner, mit dem ich gerne auf dem Sofa sitzen und ein Bier trinken würde. Er hat auch schlecht über Frauen geredet. Was an der angeblichen Liebesnacht mit diesem Pornostar dran ist, weiß ich nicht. Aber als Christin sage ich, alle Menschen sind Sünder. Jedenfalls gefällt mir, dass Trump geradeheraus und unverschnörkelt redet, so wie es schon ewig kein Politiker mehr getan hat. Er sagt, was er denkt, und tut, was er sagt – so wie der Menschenschlag hier.

Ich bin auf einer Farm in Wisconsin aufgewachsen. Meine Eltern hielten Milchkühe und bauten Gurken an, auch Tabak, richtig guten Tabak. Schauen Sie mal die Schwielen an meinen Händen an, ich weiß, was harte Arbeit ist. Trump hat natürlich keine Schwielen. Aber er ist ein erfolgreicher Geschäftsmann. Hillary Clinton hat doch fast ihr ganzes Leben nur Politik gemacht und ist dadurch zur Millionärin geworden. Bis zu 250 000 Dollar soll sie für eine Rede bekommen. Politiker, die durch Politik steinreich werden, das ist nicht richtig.

Als ich meinen Mann Dick kennenlernte, absolvierte er gerade eine landwirtschaftliche Ausbildung an einem College. Er verdiente 350 Dollar im Monat, das reichte hinten und vorne nicht. 1972 heirateten wir. Ein halbes Jahr später liehen wir uns bei der Bank 18 000 Dollar und kauften uns ein 283 000 Quadratmeter großes Stück Land mit einem kleinen Haus darauf.

Doch womit sollten wir unser Leben als Bauern beginnen? Der Anfang war ein Zufall. Unser Sheriff besaß damals eine kleine Rinderherde, mit der er nichts anzufangen wusste. Also überließ er sie dem Pastor zur Nutzung. Dann aber wollte der Sheriff sein Vieh doch plötzlich verkaufen und geriet an uns. Also wurden wir Rinderzüchter. Im ersten Jahr zahlte man uns für die Kälber noch einen guten Preis. Im Jahr darauf nur noch halb so viel und ein Jahr später noch weniger. Nach drei Jahren verkauften wir die Rinder und alles, was dazugehörte.

Was nun? Zum Glück hatte Dick einen guten Job in der Molkerei, so dass immer genügend Brot auf den Tisch kam. Aber mit seinem Gehalt allein konnten wir die Farm nicht halten. Der Hof musste schon selber etwas abwerfen. Also renovierten wir die Scheune, bauten Ställe und kauften ein paar Milchkühe. Das hat sich rentiert, wir wurden richtig gute Milchbauern.

Wir, habe ich *wir* gesagt? Die meiste Zeit musste ich den Hof allein bewirtschaften. Ich habe die Kühe gemolken, sie gefüttert, auf die Weide und zurück in die Scheune getrieben. Ich habe die Felder bestellt, das Heu gemäht – und nebenbei vier Kinder zur Welt gebracht und großgezogen, ein Mädchen und drei Jungen. Natürlich hat mir Dick nach Kräften geholfen. Aber er hatte ja den 40-Stunden-Job in der Molkerei und musste in Schichten arbeiten, manchmal kam er erst morgens um acht nach Hause und schlief erst einmal aus.

Ich konnte Dick für den Hof nie fest einplanen, nur ein einziges Wochenende im Monat bekam er völlig frei. Viele Verwandte sagten damals: ›O Gott, die ganze Arbeit und Dick die Hälfte der Zeit nicht einmal am Wochenende zu Hause, wie wollt ihr das bloß schaffen?‹ Bestimmt habe ich dabei still in mich hineingenickt und Dick hin und wieder einen bösen Blick zugeworfen, wenn er zu seinem Job in der Molkerei aufbrach. Aber die meiste Zeit hat mir der Hof wirklich Spaß gemacht, wir haben das gemeinsam gut gepackt.

Zum Schluss besaßen wir 21 Milchkühe und doppelt so viel Land wie zu Beginn. Dick witzelte immer, ein Bauer solle nur so viele Kühe halten, wie seine Frau melken könne. Aber im Ernst, mehr konnte ich nicht schaffen, auch wenn unsere Kinder später mithalfen. Für mehr Kühe reichten außerdem unsere Wiesen nicht.

Als ich die 50 überschritt, war ich ausgebrannt und müde. Wir verkauften die Kühe und ich heuerte bei einer Firma an, die Motoren prüft. Ich hatte außer Landwirtschaft nichts gelernt, aber ich bin geschickt und konnte Drähte wickeln. Also nahm mich die Firma und ich blieb zehn Jahre, bis ich 60 Jahre alt war.

Dicks feste Anstellung war unser Glück. Wir waren darüber nicht nur sozialversichert, sondern auch krankenversichert. Mein Gott, die Kosten für Arztbehandlungen sind in den letzten zwanzig Jahren durch die Decke gegangen.

Seit wir Rentner sind, kommt die staatliche Krankenversicherung Medicare für uns auf. Aber den Zahnarzt zum Beispiel bezahlen wir nach wie vor weitgehend aus unserer eigenen Tasche. Was nicht dringend behandelt werden muss, schieben wir lieber auf und lassen es im Sommer in Mexiko erledigen.

Seit unserer Pensionierung fahren wir jedes Jahr für zwei Monate in den Süden von Texas und gehen zum Zahnarzt hinüber nach Mexiko. Gleich hinter der Grenze sind lauter Apotheken und Praxen. 925 Dollar sollte Dick hier in Richland County für eine Zahnbrücke bezahlen. Der mexikanische Arzt, der in den USA ausgebildet worden war, verlangte nur 200 Dollar.

Mein Mann Dick war anfangs für Obamacare, weil er wie der demokratische Präsident Barack Obama der Ansicht ist, dass jeder Mensch eine bezahlbare Krankenversicherung haben sollte. Ich war skeptisch. Trotzdem habe ich 2008 Obama gewählt. Er versprach *hope and change* – und Veränderungen brauchten wir dringend. Amerika ging es wirtschaftlich verdammt schlecht, die Finanzhaie aus der Wall Street hatten uns in den Ruin getrieben.

Am Ende aber floss das viele Geld, das Obama damals in die Hand nahm, um uns kleinen Leuten zu helfen, wieder nur zu den Küsten und in die großen Städte. Die werden immer von den Demokraten bevorzugt, weil da ihre meisten Wähler wohnen. Wir im Mittleren Westen gehen leer aus.

Es gibt dafür Beispiele. Obamas Haushaltsgesetz zur Förderung der Landwirtschaft war eine Farce. Angeblich sollte es uns Farmer unterstützen, und sofort schimpften natürlich einige in Washington und sagten, typisch, die Bauern werden mal wieder mit Subventionen beschenkt. Pustekuchen. In diesem Haushaltsposten versteckten sich das Geld für eine Brücke an der Ostküste und Milliarden Dollar für Lebensmittelgutscheine, von denen meist Sozialhilfeempfänger profitieren, die in den Städten leben. Für uns Bauern blieb wenig übrig. Aber Hauptsache, über diesem Haushaltstitel stand groß ›Landwirtschaft‹, welch eine Heuchelei!

2012 habe ich nicht mehr Obama gewählt, sondern einen leeren Zettel abgegeben. Denn für Obamas damaligen Gegner, den Republikaner Mitt Romney, konnte ich ebenso wenig stimmen. Der hatte keinerlei Empathie für die *blue-collar-workers*. Irgendwann im Wahlkampf äußerte sich Romney sehr abfällig über all jene Menschen, die in irgendeiner Weise auf staatliche Hilfe angewiesen sind. Natürlich gibt es Leute, die das weidlich ausnutzen. Aber manche sind wirklich bedürftig.

Überhaupt stört mich die Überheblichkeit vieler Politiker, wenn es um den Mittleren Westen geht. Schon Barack Obama behauptete, in der Not klammerten wir uns alle an die Bibel und den Revolver. Für Hillary Clinton sind wir *deplorables*, klägliche, bedauernswerte Geschöpfe. Da dürfen sich die Demokraten nicht wundern, wenn ihnen Leute wie Dick und ich von der Fahne gehen.

Trump ist da ein anderes Kaliber. Ihn habe ich gewählt, weil er den Sumpf in Washington austrocknen will – und weil er für die einfachen Leute Partei ergreift. Bislang hält er Wort. Es heißt immer, die von ihm durchgesetzten Steuererleichterungen würden nur den Reichen zugutekommen. Da habe ich neulich mal einen meiner Söhne gefragt, ob er irgendeinen Vorteil hat. ›Ja, Mama‹, hat er geantwortet.

Er ist Elektriker und bekommt einen Teil seines Lohns alle zwei Wochen ausgezahlt. Allein dieser Gehaltsteil ist seit der Steuererleichterung um 56 Dollar gestiegen. ›Bloße Brotkrumen‹ nannte das die Minderheitsführerin im Repräsentantenhaus, die Demokratin Nancy Pelosi. Die hat gut reden, sie ist ja Multimillionärin. Da kann man mal sehen, wie weit sich die Demokraten von uns entfernt haben.

Trumps Steuererlass für Unternehmen hat auch die große Molkerei Schreiber hier in Richland County dazu veranlasst, die Löhne anzuheben. Die produzieren Joghurts, Sour Cream und alle möglichen Dips. Echt lecker. Für Wartungsarbeiten an den Maschinen verdient man jetzt 25 Dollar die Stunde, für einfachere Arbeiten zwischen 17 und 20 Dollar.

Ich bin stolz darauf, was Dick und ich geschafft haben. Alle vier Kinder haben einen guten Job. Die Familie war uns immer sehr wichtig. Obwohl ich viel gearbeitet habe, hatte ich immer Zeit für unsere Tochter und die drei Söhne. Ich verstehe nicht das ewige Gerede von der persönlichen Selbstverwirklichung. Das ist eine Großstadtkrankheit. Was gibt es Schöneres, als gesunde, glückliche Kinder zu haben? Vor allem in den Metropolen brechen immer mehr Familien auseinander. Das ist traurig.

Da hat das Landleben durchaus Vorteile, hier halten wir noch Werte wie das Familienleben hoch. Wir haben immer gemeinsam gegessen und gingen sonntags in die Kirche. Meine Kinder holten danach ihre Mountainbikes aus dem Schuppen und jagten damit über die Felder. Ständig sprangen sie um mich herum. Später packten alle mit an. Einer hilft dem anderen, so wie wir es auch mit unseren Nachbarn, den Amischen, tun.

Das Gemeinschaftsleben ist mir wichtig. Im Fernsehen belächeln sie uns und sagen, wir weißen Trump-Wähler im Mittleren Westen seien rassistisch. Was für ein Quatsch! Mir sind Einwanderer sehr willkommen, jedenfalls wenn sie legal nach Amerika gelangen. Ich liebe Mexiko und bin fast jedes Jahr dort. Aber wenn Bürgermeister der Demokratischen Partei Städte wie Chicago, New York oder Los Angeles zum Schutzgebiet für illegale Einwanderer erklären, bleibt mir die Spucke weg. Ich bin in dem Bewusstsein groß geworden, dass alle Menschen die Gesetze achten müssen und dass die Demokraten für Recht und Ordnung eintreten. Es gab mal eine Umfrage, der zufolge viele Amerikaner finden, vor fünfzig Jahren sei das Leben besser, sozialer und geordneter gewesen. Das stimmt.

Mein Mann und ich haben dreimal einen ausländischen Austauschschüler in unserer Familie aufgenommen. Das war eine tolle Erfahrung, für alle. Einer kam aus Deutschland, einer aus Polen, der dritte aus der Schweiz.

Der deutsche Junge hieß Mark. Irgendwann einmal kamen uns seine Eltern besuchen. Die Mutter war piekfein angezogen und lief in Stöckelschuhen auf dem Hof herum und ging damit sogar in den Kuhstall. Sie lachte und wollte alles sehen. Das waren prima Leute. Später hat Marks Familie zwei unserer Söhne nach Deutschland eingeladen, auch unser Schwiegersohn reiste mit. Sie hatten in Deutschland einen Höllenspaß. Donald Trumps Großeltern väterlicherseits stammen doch auch aus Deutschland, oder?«

»Uns Evangelikalen tut Trump sehr gut.« (Mike Breininger, Wisconsin)

Vorspann

Mike Breininger ist Hauptpastor der evangelikalen Fellow-ship-Gemeinde in der kleinen, rund 5000 Einwohner zäh-lenden Gemeinde Richland Center im Südwesten des Bundesstaats Wisconsin. Der konservativ-fundamentalistische Christ leitet dort auch die kirchliche Eagle School, die er 1991 gegründet hat. Die Stadt gehört zum Kreis Richland County, in dem auch die Farmerfamilie Bartels wohnt (siehe S. 93 ff.).

Breininger, dessen Vorfahren einst aus Baden-Württemberg nach Amerika auswanderten, ist oft in der Welt auf Missionsreisen unterwegs, hauptsächlich in Lateinamerika und Asien, wo evangelikale Kirchen seit vielen Jahren großen Zulauf haben. Als ich ihn im Frühjahr 2018 in der Eagle Christian School besuche, sitzt er wieder einmal auf gepackten Koffern. Sein Ziel: Costa Rica.

Der 62-Jährige ist außerdem Präsident eines Vereins für wirtschaftliche Entwicklung in Richland Center. Diese Bürgerinitiative will die Stadt und die ländlichen Kommunen im Umland wieder attraktiver machen. Zu viele junge Menschen sind in den vergangenen Jahren fortgezogen, da Richland Center zu wenige Anreize und Abwechslung bietet. Das Stadtzentrum ist selbst mitten am Tag wie leergefegt. Das seit Jahrzehnten leerstehende historische Kaufhaus verfällt, das 1921 vom in Richland Center geborenen, weltberühmten Architekten Frank Lloyd Wright gebaut wurde. Eine Gruppe von Bürgern sammelt Geld für die Renovierung, aber bislang hat man es nur geschafft, die wild nistenden Taubenschwärme aus dem Dachgeschoss zu verbannen.

Auf der Hauptstraße hat gerade das letzte etwas bessere Restaurant dichtgemacht. Jetzt muss man entweder mit McDonald's oder einem mexikanischen Imbiss an der Ausfallstraße vorliebnehmen. Zum nächsten Steakhouse fährt man zwanzig Minuten mit dem Auto, da gibt es auch ein gutes gezapftes Bier. »Die jungen Leute«, sagt Breininger, »finden Richland Center öde und langweilen sich. Da müssen wir gegensteuern.«

Der rechte, evangelikale Prediger führt den Bürgerverein gemeinsam mit dem eher linken lutherischen Pastor Larry Engle, der für Obama und Clinton gestimmt hat. Im politisch abgrundtief gespaltenen Amerika grenzt ihre Zusammenarbeit an ein Wunder. Und selbst für die eher unideologischen Einwohner von Richland County, die mal die Demokraten, mal die Republikaner wählen, war diese Kooperation ungewohnt. Denn die meisten Kirchen hier waren jahrzehntelang verfeindet. Breininger spricht von einem »sechzigjährigen Religionskrieg«.

Die Anfänge dieser seltenen Zusammenarbeit waren entsprechend schwer. »Wir mussten eine gemeinsame Basis finden«, erzählt Breininger, »und mussten mühsam lernen, unser neues Schiff durch die tückischen Gewässer unterschiedlicher, oft gegensätzlicher Ideologie, Politik, Philosophie und Theologie zu navigieren.« Geholfen habe dabei das gemeinsame Motto: ›Wer nicht mit seinem Nachbarn spricht, weil der eine andere Partei wählt, gibt sich und die Gemeinschaft auf.‹

Weiße Evangelikale wie Mike Breininger lieferten Trump im Mittleren Westen oft die entscheidenden Stimmen, so wie sie es zuvor für den republikanischen Präsidenten George W. Bush getan haben. Am 8. November 2016 erschienen die Evangelikalen nicht nur zahlreich in den Wahllokalen, sondern 81 Prozent von ihnen stimmten für Donald Trump.

Diese Tatsache, schrieb das Magazin *The Atlantic*, habe damals bei den Wahlforschern und Analytikern viel Kopfschütteln hervorgerufen. Denn wie konnten ausgerechnet konservative fundamentalistische Christen einen Kandidaten bevorzugen, der zum dritten Mal verheiratet ist und schmutzige Bemerkungen über Frauen macht, der schamlos lügt und so gut wie nie in die Kirche geht?

Breiningers Antwort: »Wir vergeben die Sünden.« Die meisten Evangelikalen seien Pragmatiker und drückten ein Auge zu, wenn es ihren Zielen diene. Und diese Ziele waren im Herbst 2016: mehr konservative Richter, die das Recht auf Abtreibung und gleichgeschlechtliche Ehe zurückschrauben; ein starkes Militär und eine kräftige, von staatlicher Gängelung verschonte Wirtschaft; der Schutz von Familie und Religion; die Bewahrung christlicher Werte und des nach evangelikaler Auffassung »staatsbegründenden christlichen Charakters« der Vereinigten Staaten. In diesem Sinne, schreibt *The Atlantic*, passe Trump den Evangelikalen perfekt ins Konzept, wünschten sie sich doch wie ihre Leitfigur Billy Graham nichts sehnlicher als die Wiederherstellung nationaler Macht und einer kapitalistischen Ordnung mit christlichen und möglichst weißen Amerikanern an der Spitze.

Im Februar 2018 wurde Billy Graham, einer der einflussreichsten evangelikalen Pastoren des 20. Jahrhunderts, zu Grabe getragen, nachdem er zuvor in der Rotunde des amerikanischen Kapitols zu Washington aufgebahrt worden war, eine Ehre, die nur wenigen Amerikanern zuteilwird. Der Erweckungsprediger, der mit seinen Gottesdiensten riesige Sportstadien füllte, stritt gegen Abtreibung und Homosexualität, aber ebenso gegen die Rassentrennung. Bereits 1950 trat er vor einem gemischt weißen und schwarzen Publikum auf.

Der schmächtige Pastor Breininger wuchs gemeinsam mit acht Geschwistern auf einer Farm in Wisconsin auf. Da er keine Lust hatte, Bauer zu werden, verließ er, wie er sagt, »den Hof bei der erstbesten Gelegenheit« und studierte

Wirtschaftswissenschaften. Den Collegebesuch finanzierte er weitgehend mit einem Sportstipendium, Breininger war ein erfolgreicher Ringer in der Leichtgewichtsklasse. Später verdiente er sein Geld mit Banken-, Immobilien- und Hypothekengeschäften, bevor er sich, wie er sagt, »ganz Gott zuwandte« und sich im Trinity-Theologieseminar in Indiana zum evangelikalen Prediger ausbilden ließ.

Seinen Geschäftssinn hat Breininger sich bewahrt. Am Rande von Richland Center, auf einem kleinen Hügel, gründete er die christliche Eagle School, angesichts der nur hundert Schüler ein riskantes Unternehmen. Konfessionsschulen sind immer weniger gefragt, weil sie oft klein sind, zu wenige Angebote haben und mit der privaten wie auch der staatlichen Konkurrenz nicht mithalten können. Außerdem wird Amerikas Bevölkerung langsam, aber stetig immer säkularer. Pro Jahr, sagt Breininger, müssten ungefähr 400 private christliche Schulen schließen, eine Überlebenschance hätten fast nur noch jene in den großen Städten mit einer wohlhabenden Klientel. »Eine ländliche Klitsche wie meine ist eigentlich dem Tod geweiht.«

Doch der Pastor und Schulmanager hatte eine gewinnbringende Idee und öffnete die Eagle Christian School für ausländische Kinder. Viele reiche Eltern aus China und Taiwan, aber ebenso aus Lateinamerika oder Europa, wollen ihren Kindern vor allem aus einem Grund einen High-School-Besuch in den USA ermöglichen: Das Abschlusszeugnis ist die Eintrittskarte für eine amerikanische Uni. Wer Breiningers Eagle Christian School mit Erfolg absolviert, darf anschließend ein College in Richland Center und zwei Jahre danach die begehrte und renommierte Universität von Wisconsin besuchen. Das hat der Pastor mit den Behörden so ausgehandelt.

Rund 9000 Dollar muss ein Ausländer für ein Schuljahr an der Eagle Christian School aufbringen, 6500 Dollar mehr als ein einheimischer Schüler. Meist kommen die Gäste für die gesamten vier High-School-Jahre und wohnen in dieser Zeit bei einer Familie in Richland Center, die dafür bezahlt wird. Vierzig Schüler sind derzeit in Breiningers Oberstufe, bereits die Hälfte kommt aus dem Ausland. Weitere Anfragen, insbesondere aus China, liegen vor, und es gibt erste Überlegungen, ein Internat zu gründen. In den vergangenen Jahren wurden eine Aula und eine größere Turnhalle gebaut.

Auf seinen Missionsreisen wirbt der Pastor natürlich nebenbei für seine Schule, wobei er als Pragmatiker den religiösen Charakter nicht in den Mittelpunkt stellt. »Wir sind eine nicht konfessionsgebundene Bildungseinrichtung«, sagt er. Unter den Schülern gebe es Buddhisten, Atheisten und Agnostiker. »Jeder darf kommen, solange er unsere christlichen Werte teilt.«

Mike Breininger im Gespräch

»Es ist mir wirklich schwergefallen, Trump zu wählen, ich hatte Skrupel. Trump hat viele Charaktermängel und ein erdrückendes Ego. Er ist grob, es mangelt ihm an Anstand und Noblesse. Mir wäre es lieber gewesen, anstatt Seiner wäre ein anderer republikanischer Kandidat Präsident geworden. Es gab ja immerhin siebzehn zur Auswahl.

Doch als mir damals ein Bekannter sagte, er werde wegen Trumps schlechtem Charakter Hillary Clinton wählen, da stockte mir der Atem. ›Clinton?‹, fragte ich ungläubig, ja, fast zornig. ›Das kann doch wohl nicht wahr sein! Ich glaube, du brauchst dringend eine Lehrstunde über den Charakter von Hillary und Bill Clinton, über ihre Verlogenheit, die Raffgier, ihre fehlende Moral.‹

Es wird gerne behauptet, im Gegensatz zu Trump sei Barack Obama ein grundanständiger Präsident gewesen. Ich sage nur: Die Optik täuscht! Klar, die Obamas lieferten wunderbare Familienbilder, es gab keine Seitensprünge, keine Skandale, soweit wir wissen. Aber davon abgesehen war Obama für mich einer der unmoralischsten Präsidenten der letzten Jahrzehnte. Seine herablassende Bemerkung im Wahlkampf 2008 über die Leute aus dem Mittleren Westen, die sich in ihrer Verzweiflung an die Bibel und ihren Revolver klammerten – das kann ich ihm als Evangelikaler nicht verzeihen. Über die Bibel macht man sich nicht lustig.

Obama war ein großer Spalter, geradezu meisterhaft in dieser Disziplin. Er hatte keine Achtung vor der Religionsfreiheit. So zwang er mit seiner Gesundheitsreform selbst Nonnen, die das Keuschheitsgelübde abgelegt haben und keinen Sex haben dürfen, eine Krankenversicherung abzuschließen, die mit ihren Einnahmen auch Verhütungsmittel und Abtreibungen anderer Versicherter finanziert. In eine größere Gewissensnot konnte man die armen Nonnen gar nicht bringen.

Soweit ich zurückblicke, war kein Präsident ohne Fehl und Tadel. Thomas Jefferson hatte uneheliche Kinder mit einer schwarzen Sklavin. John F. Kennedy und Bill Clinton haben wahrscheinlich keinen Rock unangetastet an sich vorbeiziehen lassen. Selbst George W. Bush, der sich als Evangelikaler bezeichnete und uns von allen Präsidenten wahrscheinlich am nächsten stand, sagte Dinge, die mich absolut wütend gemacht haben. Er behauptete zum Beispiel, Christen und Muslime dienten demselben Gott. Eine Ungeheuerlichkeit! Uns Evangelikalen kann man kaum etwas Schlimmeres sagen. Aber wir vergeben die Sünden.

Es mangelt unserer Gesellschaft heute ganz allgemein an Zivilität, an Moral und Anstand. Nicht nur in der Politik, auch in den Medien, im Sport, in Hollywood.

Ich bin auf einer kleinen Milchfarm hier in der Nähe großgeworden. Mein Vater zog von Long Island bei New York nach Wisconsin und wollte unbedingt Bauer werden. Dabei hatte er null Ahnung von Landwirtschaft. Er schaffte zunächst Hühner an und verkaufte Eier. Das ging fürchterlich daneben. Dann sattelte er auf Milchkühe um und hatte Erfolg. Meine Eltern brachten mir und meinen acht Geschwistern bei, dass man im Leben hart arbeiten müsse und einem nichts geschenkt werde. Sie stellten hohe, sehr hohe Ansprüche an uns.

Ehrlichkeit, Rechtschaffenheit, Fleiß, Moral, persönliche Verantwortung, Individualismus und Gemeinsinn – das waren die Werte, die sie mich und meine acht Geschwister lehrten. Wir haben uns, so gut wir konnten, daran gehalten und wurden alle erfolgreich. Zwei meiner Schwestern stehen jeweils an der Spitze eines multinationalen Konzerns, eine andere Schwester leitete bis zu ihrer Pensionierung das Technologieministerium von Wisconsin.

Ich habe mit meiner Frau Cindy, die ich 1979 geheiratet habe, sechzehn Kinder, sieben eigene und neun adoptierte. Auch sie habe ich nach diesen Werten erzogen. Ich treffe mich regelmäßig mit meinen Geschwistern und deren Familien, da geht es oft äußerst turbulent zu. Denn mitten durch meine Familie verläuft der politische Graben, der Amerika trennt. Die eine Seite wählte Trump, die andere Clinton.

Vor einigen Jahren, auf der Hochzeit eines meiner Söhne, wurde es im Kirchenvorraum plötzlich laut, meine Geschwister lagen sich über Obama in den Haaren. Ich bat sie, ihren Streit zu vertagen. Sie lachten und setzten sich brav ins Gotteshaus. Zum Glück wird die Kirche in der Mitte durch einen Gang geteilt, man kann sowohl rechts wie links davon Platz nehmen. Scherz beiseite: Wir streiten und wir lieben uns.

Ich erzähle das, weil es mir ein Anliegen ist, anhand meiner eigenen Geschichte klarzumachen, dass Menschen, die mit gemeinsamen Werten aufwachsen und einander respektieren, in gesellschaftlichen und politischen Fragen sehr gegensätzlicher Meinung sein können, ohne sich deshalb zu verfeinden.

Das gelingt auch Pastor Larry Engle und mir, mit dem ich den Bürgerverein in Richland Center leite. Vor ein paar Jahren fuhren wir gemeinsam im Auto nach Madison, in die Hauptstadt von Wisconsin. Da hatten Gewerkschafter aus Protest gegen die Beschneidung ihrer Rechte das Kapitol besetzt. Ich wollte dort hin, um den republikanischen Gouverneur darin zu bestärken, gegenüber der Gewerkschaft hart zu bleiben. Larry beabsichtigte das genaue Gegenteil. Er unterstützte die Demonstranten. Obwohl wir in unterschiedlicher Mission unterwegs waren, saßen wir im Auto friedlich nebeneinander und respektierten den jeweils anderen. Man darf Politik nicht zu persönlich und nicht zu emotional nehmen.

Leider treiben gerade die Medien den Keil immer tiefer in unsere Gesellschaft. Sie können sich nicht damit abfinden, dass Trump unser Präsident ist, und hetzen von morgens bis abends gegen ihn.

Am Tag der Trump-Wahl war ich auf dem Weg nach Costa Rica und musste auf dem Flughafen von Atlanta umsteigen. Natürlich lief überall CNN, Atlanta ist ja die Heimat des Fernsehsenders. Es war Mittag, und die Wahllokale in Amerika hatten noch geöffnet. Aber egal, welcher CNN-Moderator da gerade redete, das Ergebnis stand für ihn bereits fest, Hillary Clinton würde siegen. Die einzige Frage, die diskutiert wurde, war, wie vernichtend Trumps Niederlage ausfallen würde. Die sprachen tatsächlich vom bevorstehenden Ende der Republikanischen Partei.

Eine Woche später, auf meinem Rückflug, machte ich wieder Station in Atlanta, und CNN wollte noch immer nicht glauben, dass Trump gewonnen hatte. Die Moderatoren sagten, sein Vorsprung in einigen Bundesstaaten sei so knapp ausgefallen, dass man unbedingt nachzählen müsse. Und die ganze Zeit schimpften sie über die ihrer Ansicht nach schrecklichen Leute, die bereits auf Trumps Kabinettsliste stünden. Ganz offensichtlich war CNN total angewidert von diesem Wahlausgang. So viel zum Thema Spaltung.

Ich habe nichts gegen Parteinahme, aber dann soll man das, bitteschön, auch ganz offen sagen und nicht so tun, als sei man ein objektives, neutrales Medium. Warum stellen sich diese Moderatoren nicht zu Beginn der Sendung hin und verkünden: ›Ich hasse Trump, er ist ein übler Hund, er lügt und gehört angeklagt‹? Das wäre für mich okay, nur diese Unehrlichkeit, diese Vortäuschung von Sachlichkeit und Ausgewogenheit stört mich enorm.

Neulich titelte eine Zeitung hier in Wisconsin: ›Trumps Wähler halten zum Präsidenten, aber sind zunehmend frustriert.‹ Ich habe diesen Artikel zwei-, dreimal gelesen, aber konnte bei keinem der dort zitierten Trump-Wähler irgendeine nennenswerte Enttäuschung über Trump heraushören. Das nenne ich Irreführung und eine Verdrehung der Tatsachen.

Ich finde es darum gut, dass der Präsident die Medien hart angeht. Die meisten Politiker knicken ja vor der Macht der vierten Gewalt sofort ein, aber Trump traut sich was und nimmt den Fehdehandschuh auf. Manchmal übertreibt er es mit den Tweets, sie streicheln ja in erster Linie sein großes Ego. Aber sie sind zugleich eine wirksame Waffe. Wie sonst sollte er seinen Kritikern Paroli bieten?

Sosehr ich mir damals einen anderen republikanischen Präsidenten gewünscht hätte, Trump macht seine Sache gut, viel besser, als ich es erwartet hätte. Ich bin positiv überrascht. Endlich tritt ein amerikanischer Präsident wieder selbstbewusst in der Welt auf und lässt sich nicht wie Obama von anderen Ländern wie Iran oder China an der Nase herumführen.

Trumps Steuersenkung ist auch ein großer Hit. Ich bin zwar beim Thema Freihandel ganz anderer Ansicht als der

Präsident, weder bin ich ein Nationalist noch ein Protektionist. Aber schon lange haben wir Amerikaner nicht mehr so optimistisch in die Zukunft geschaut wie jetzt. Die Löhne steigen, die Arbeitslosigkeit ist auf dem niedrigsten Niveau seit zwanzig Jahren. Selbst hier in Richland County suchen Firmen händeringend Leute.

Trump ist kein besonders frommer Mann, aber uns Evangelikalen tut er sehr gut. Er will das alte Johnson Amendment abschaffen, jenes schlimme Gesetz, mit dessen Hilfe Religionsgemeinschaften steuerlich geknebelt werden können, wenn sich Pastoren auf der Kanzel politisch äußern. Und Trump hat auch kirchliche Mitarbeiter davon befreit, mit ihren Krankenkassenbeiträgen Verhütungsmittel und Abtreibungen finanzieren zu müssen.

Außerdem ist die Entscheidung, Amerikas Botschaft in Israel nach Jerusalem zu verlegen, für uns Evangelikale von enormer, fundamentaler Bedeutung. Damit macht der Präsident ein biblisches Versprechen wahr. Denn in der Bibel steht, Israel ist das gelobte Land der Juden, in dem dereinst das Tausendjährige Reich Gottes beginnen wird. Jerusalem und Israel gehören zusammen.

Längst überfällig war auch das Einreiseverbot für Staatsangehörige aus einer Reihe muslimischer Staaten. Ich bin kein Rassist, ich habe neun Adoptivkinder, fünf von ihnen sind schwarz. Einer meiner Schwiegersöhne stammt aus Costa Rica, die meisten meiner Kinder haben die Welt gesehen. Gerade wohnen bei uns drei ausländische Schüler, einer aus China, einer aus Korea, einer aus Georgien.

Ich bin auch nicht gegen Immigranten. Im Gegenteil, ich halte legale Einwanderung für eine wichtige Lebensader Amerikas und habe selber für fünf Einwanderer gebürgt. Die meisten Milchbauern in Richland County kämen ohne die Latinos überhaupt nicht zurecht. So weit, so gut.

Bei Muslimen sehe ich das allerdings anders, sie sollte man

am besten gar nicht ins Land lassen. Eure Kanzlerin Angela Merkel hat da einen kapitalen Fehler gemacht, den ihr noch bereuen werdet. Der Islam ist nämlich nicht nur eine Religion, sondern auch eine gegen uns gerichtete politische und kulturelle Ideologie.

Glücklicherweise haben wir in Richland Center kaum Muslime. Vor einiger Zeit habe ich mich mit einem von ihnen unterhalten, der hier aufs College geht. Ich fragte ihn, warum er nur eine Ehefrau habe und nicht vier, wie es ihm der Koran erlaube. Er sagte, weil es ihm die amerikanischen Gesetze verböten. Ich wollte wissen, ob er es sich anders wünschte und lieber vier Frauen hätte. ›Na klar‹, sagte er. Diese Antwort ist doch der schlagende Beweis dafür, dass Muslime unsere Gesetze nur notgedrungen akzeptieren und sie sofort ändern würden, hätten sie die Macht.

Ich bin sehr dafür, Einwanderer nach einer gewissen Zeit einzubürgern und zu Amerikanern zu machen. Für Muslime gilt das nicht. Wer wirklich an den Islam glaubt, kann nicht zugleich als Staatsbürger auf unsere Verfassung schwören. Das ist ein Widerspruch. Amerika ist eine christlich-jüdische Nation, wir müssen dieses Erbe wahren und verteidigen.

Ich habe zwei Söhne, die Anfang zwanzig sind. Der eine ist ein leiblicher, der andere ein adoptierter Sohn. Beide gehen aufs College und leiden enorm unter der Politisierung fast aller Lebensbereiche. Sie sagen, die Linken schöben weißen Männern die Schuld für alles in die Schuhe, was in der Gesellschaft schieflaufe. Sie würden an der Uni inzwischen für alles Übel in der Welt verantwortlich gemacht: für die Unterdrückung der Frauen und den Rassismus, für die Wahl von Trump und die Massenschießereien in den Schulen.

Was für ein Unsinn! Ich habe allen meinen sechzehn Kindern, auch den fünf schwarzen, beigebracht, dass im Leben nicht Rasse oder Geschlecht, sondern allein die persönliche Leistung zähle. Wir sind als Familie damit gut gefahren. Diese *affirmative action*, nach der Angehörige von Minderheiten etwa bei der Zulassung zum Studium unter gewissen Voraussetzungen Weißen gegenüber bevorzugt werden können, habe ich immer für einen großen Fehler gehalten. Dieser ganze Gender-, Rassen- und Identitätswahnsinn hat mich nie interessiert. Und ich hoffe, dass unser Oberstes Gericht mit einer konservativen Richtermehrheit diesen Irrsinn endlich beenden wird.

Ich warne unser Land: Wenn das mit dem Schwarzer-Peter-Spiel, mit der ewigen Schuldzuweisung so weitergeht, werden sich die weißen Männer irgendwann zur Wehr setzen.«

»Der Staat soll sich, verdammt noch mal, aus unserem Leben heraushalten.« (Bob Adkins, West Virginia)

Vorspann

West Virginia ist einer der ärmsten Bundesstaaten Amerikas. Geprägt vom Kohlebergbau, war er jahrzehntelang fest in der Hand der Gewerkschaften – und damit der Demokratischen Partei. Sie dominierte fast siebzig Jahre lang das Parlament von West Virginia. Nur dreimal stimmte die Mehrheit der Bewohner zwischen 1932 und 2000 für einen republikanischen, aber fünfzehnmal für einen demokratischen Präsidentschaftskandidaten. Auch fast alle Gouverneure von West Virginia waren Demokraten. Der Volksmund sagte, man könne dort selbst einen Porzellanhund als Kandidaten aufstellen, solange er das richtige Parteibuch habe.

Das war einmal. Seit dem Jahr 2000 marschiert die Bevölkerung mit großen Schritten ins republikanische Lager. 2000 und 2004 wählte sie George W. Bush, 2008 und 2012 nicht Barack Obama, sondern dessen Gegenkandidaten John McCain und Mitt Romney. 2016 gewann den Bundesstaat mit rund 41 Prozent Vorsprung Donald Trump.

Der derzeitige Gouverneur von West Virginia, einst Demokrat, hat die Partei gewechselt. Von jenen zwei Senatoren, die den Bundesstaat im Kongress zu Washington vertreten, gehört nur noch Joe Manchin den Demokraten an. Und obwohl er so oft wie möglich auf Distanz zu seiner Partei geht und immer wieder lobende Worte für Trump findet, ist völlig unklar, ob er die nächste Wahl überstehen wird.

Manchin traf ich 2009 im Kapitol von West Virginia, kurz nach der Wahl von Barack Obama zum Präsidenten. Joe Manchin war damals Gouverneur. Stolz zeigte er mir die aus

Kohle und Erz geschnitzten Bergleute in seinem Dienstzimmer, alles Dankesgeschenke der Gewerkschaft. Er klagte, Obama zeige zu wenig Empathie für die »kleinen Leute«. Gerne würde er mit ihm mal in einen Stollen einfahren oder auch die schöne neue Bergwelt besichtigen, die Staat und Kohleindustrie mit sehr viel Geld auf den ausgedienten Kraterlandschaften des Tagebaus errichtet hätten. Auf den plattgewalzten Bergkuppen, so Manchin, wachse wieder grünes, saftiges Gras; es entstünden Wohnparks mit Golfplätzen. Und, warum nicht, hier und da sei auch genügend Platz für eine Windkraftanlage. »West Virginia«, sagte der Gouverneur, »stellt sich dem Fortschritt nicht entgegen.« Vorausgesetzt, er baue zugleich auf Kohle.

Der Staat in den Appalachen liegt nur einen Katzensprung von Washington entfernt, man braucht gerade einmal zwei Stunden mit dem Auto. Traf man 2016 in Amerikas Hauptstadt so gut wie keinen Trump-Wähler, war es in dem nahen Bergstaat andersherum. Wirklich wahrgenommen wurde diese Kluft nicht. Die Appalachen-Bewohner hatten schon immer den Ruf, etwas rückständig und eigensinnig zu sein. Und im riesigen Schmelztiegel der Vereinigten Staaten, so die vorherrschende Meinung, würden die knapp zwei Millionen Menschen nicht ins Gewicht fallen.

Dabei hätte man gerade in West Virginia die wachsende Entfremdung zwischen Land und Stadt, zwischen Arbeitern und Studierten, zwischen den weißen »kleinen Leuten« und den Angehörigen der Minderheiten besonders deutlich erfahren können. Doch auch ich habe, obwohl ich oft in West Virginia gewesen bin, ebenso wenig erkannt, dass der sich dort abzeichnende Frust keine Eigenheit der weißen Gebirgsleute war, sondern bereits weite Teile des Mittleren Westens erfasst hatte.

Besiedelt wurde die Gegend im 18. und 19. Jahrhundert vornehmlich von Einwanderern aus Irland, Schottland und

Wales. West Virginia wird deshalb auch das »Irland der Vereinigten Staaten« genannt. »Gebirgsbewohner sind immer frei«, steht auf dem Staatswappen. Der Staat war ursprünglich Teil des Südstaates Virginia. Doch mit dem Ausbruch des amerikanischen Bürgerkriegs sagte sich West Virginia los. Nicht aus Opposition zur Sklavenhaltung, sondern weil man die Sezession als Chance begriff, um sich von der Bevormundung und Arroganz der verhassten reichen Plantagenbesitzer östlich der Appalachen zu befreien.

West Virginia ist nach wie vor ein sehr weißer Staat, 94 Prozent der Bewohner sind weiße und nur rund drei Prozent sind schwarze Amerikaner. Anders als etwa im Agrarstaat Iowa, der eine ähnliche Bevölkerungsstruktur hat, bekam Obama in West Virginia keinen Fuß auf den Boden. Wie in den Sümpfen des Südens stieß er auch in der Bergwelt der Appalachen auf tiefsitzende rassistische Vorurteile. Bis 1967 durften in West Virginia keine Ehen zwischen Weißen und Schwarzen geschlossen werden. Ohne die Intervention des Obersten Gerichts der Vereinigten Staaten hätte dieses Verbot wohl fortbestanden.

In den Appalachen trifft der demografische und kulturelle Wandel auf besonders große Ablehnung. Aber schließlich geht es den Menschen auch fast nirgendwo wirtschaftlich und sozial schlechter als dort. In vielen Bereichen ist West Virginia Schlusslicht, nur bei den Drogentoten nimmt es den traurigen Spitzenplatz ein. Niemand weiß darüber besser Bescheid als der in West Virginia aufgewachsene Keith Humphreys, Professor für Psychiatrie an der renommierten kalifornischen Stanford-Universität. Doch dazu mehr im folgenden Kapitel.

Der schleichende Tod der Kohleindustrie trifft die Bewohner hart, denn sie haben kaum Ausweichmöglichkeiten. In den acht Obama-Jahren verlor die Branche allein in West Virginia 8000 Arbeitsplätze. Die schwindende Bedeutung der Kohle ließ ihre Förderung in weniger als einem Jahrzehnt um 38 Prozent sinken. In Trump sehen viele Bergarbeiter und deren Familien darum den letzten Rettungsanker. Sie bejubeln den Ausstieg aus dem Pariser Klimaabkommen und dass Trump die verhasste Umweltbehörde United States Environmental Protection Agency (EPA) an die kurze Leine legt. Er hat eine Steigerung der Kohleförderung versprochen sowie hier und da ein stillgelegtes Bergwerk wiedereröffnet. Aber neue Jobs entstehen kaum. Im letzten Quartal 2017 stellte die Kohleindustrie in West Virginia gerade einmal rund hundert neue Leute ein.

Anfang Juni 2018 bat Trump seinen Energieminister Rick Perry, »unverzüglich geeignete Maßnahmen vorzubereiten«, um die Schließung unprofitabler Kohle- und Kernkraftwerke aufzuhalten. Dieser staatliche Eingriff in den Energiemarkt rief natürlich sofort die Öl- und Gasindustrie sowie die Unternehmen der erneuerbaren Energie auf den Plan. Trump verteidigte seine Intervention mit dem Argument der nationalen Sicherheit und der Notwendigkeit, für den Notfall alle Energiebranchen, also auch die Kohle, erhalten zu müssen. Dahinter steckt aber eher sein Wahlversprechen, die Kohleindustrie vor dem Untergang zu bewahren, was ohne einen direkten Eingriff kaum zu verhindern wäre. Die Umweltorganisation Sierra Club stellte im Frühjahr 2018 fest, dass seit der Präsidentschaft von Donald Trump mindestens weitere 25 Kohlekraftwerke schließen mussten, weil sie sich nicht gegen die Konkurrenz der Gas-, Wind- und Sonnenenergiekonzerne behaupten konnten. 2017 fiel der Kohleverbrauch in den Vereinigten Staaten um weitere 2,4 Prozent auf den niedrigsten Wert seit etwa 40 Jahren.

Viele Bergleute sind entsprechend verzweifelt. Im Herbst 2009 habe ich einige von ihnen auf einem Protestzug gegen Obamas Umweltpolitik begleitet. Siebeneinhalb Jahre später traf ich sie kurz nach der Wahl von Donald Trump wieder. Sie demonstrierten immer noch.

Besuch bei Larry Jones und Bob Adkins

Es weht ein eisiger Wind durch die Berge, als die Kolonne der Pick-ups auf dem Parkplatz einer Schule in Greenbrier County, West Virginia, eintrifft. Aus den heruntergekurbelten Fenstern brüllen die Fahrer: »Kohle heißt Arbeit, heißt Leben, heißt Zukunft!« Mittendrin steht der silbergraue Pick-up von Larry Jones, seiner Frau, seiner Mutter und seinem Sohn. Jones trägt eine schwarze Baseballmütze mit der Aufschrift »Kohle = Jobs plus Energie«. Er ist 42 Jahre alt und Bergarbeiter in der vierten Generation. Der Großvater seines Kollegen und besten Freundes Ronny Short starb beim Einsturz eines Stollens, so etwas gilt hier in West Virginia als Heldentod. Ronny wird an diesem Tag auch in Greenbrier County mitdemonstrieren, aber wegen einer Autopanne erst etwas später dazustoßen.

Neben Jones parkt Bob Adkins und flucht. Das Klebeband, das die Kofferraumklappe seines klapprigen, 14 Jahre alten Ford Kombis geschlossen hält, ist gerade gerissen. Der 40-Jährige ist Hilfsarbeiter und wartet riesige Schaufelbagger für den Tagebau. Sein dichter Rauschebart bedeckt das gesamte Gesicht, man hat Mühe, seine Augen zu erkennen. Adkins trägt die rote Kappe der Trump-Kampagne mit der Aufschrift »Make America Great Again«. Bei dieser Demonstration dabei zu sein, sagt er, sei für ihn eine »Überlebensfrage«.

Dann stürzt er mit Jones und den anderen Kumpels in die Turnhalle. Die Bergleute besetzen fast alle 150 Plätze und rennen dabei fast die schmale ältere Dame Kathy Wade über den Haufen. Man möchte die kräftigen Arbeiter Jones und Adkins in diesem Moment wirklich nicht zum Feind haben. Wade aber kämpft gegen sie, schon seit langem. Seit mindestens fünfzehn Jahren stehen sie auf entgegengesetzten Seiten, und immer wieder treffen sie auf Versammlungen wie dieser aufeinander.

Mit ihrem ondulierten grauen Haar und dem Rouge auf ihren blassen Wangen sieht die 70-jährige Kathy Wade aus, als wäre sie der TV-Serie *Golden Girls* entsprungen. Wie Larry Jones und Bob Adkins hat sich auch Kathy Wade am Morgen aus einem kleinen Bergdorf auf den Weg gemacht. Wie Larry entstammt auch die ehemalige Buchhalterin Kathy einer alteingesessenen Bergmannsfamilie. Die Kohle war ihr Leben. Bis eines Morgens die Erde bebte und eine riesige Stein- und Staublawine das benachbarte Tal zuschüttete.

Ihr Haus bekam Risse, und der Gebirgsbach am Fuße des Gartens färbte sich schwarz. Ein Kohleunternehmen hatte einen nahe gelegenen Berggipfel weggesprengt. *Mountaintop mining* nennt man das in der Region. Statt sich in den Berg hineinzugraben, trägt man ihn einfach mit riesigen Baggern ab. An diesem Tag sagte sich Kathy Wade: »Wir müssen weg von der Kohle, mit ihr haben wir keine Zukunft.«

Wie immer trägt sie auch an diesem Tag ein rotes T-Shirt mit der Aufschrift »Kohle = CO_2 = Weltuntergang«. Zwei Dutzend Umweltschützer stehen in der Turnhalle der Schule mehr als hundert Bergarbeitern gegenüber. Und die fühlen sich seit der Wahl von Donald Trump wieder stark.

Wer wissen will, warum Trump in West Virginia haushoch gewonnen hat, der muss zum Beispiel nach Greenbrier County fahren. Dort liegt die Antwort, und sie hat fünf Buchstaben: Kohle. Seit 160 Jahren wird im Appalachen-Gebirge der schwarze Brennstoff abgebaut. Die Vorräte, sagen Geologen, reichen noch für die nächsten 200 bis 250 Jahre. Als Barack Obama 2009 Präsident wurde, lieferte Kohle noch die Hälfte des amerikanischen Stroms, acht Jahre später, als Donald Trump ins Weiße Haus einzog, war es nur noch ein Drittel.

Trump hat den Minenarbeitern eine neue goldene Zukunft versprochen. Doch das Ende der Kohleförderung kann er allenfalls verlangsamen, aber nicht aufhalten. Das heimische Gas hat dem schwarzen Gestein bereits den Rang als größter Energieversorger abgelaufen, während Wind- und Solarkraft mit großen Schritten aufholen. Trump kann die Kohle preisen, wie er will, Amerikas Industrie sattelt auf andere Energieträger um.

Mit der Kohle schwinden auch die von ihr abhängigen Jobs, von denen es in ganz Amerika ohnehin nur noch etwa 180 000 gibt. Direkt in den Bergwerken arbeiten lediglich 80 000 Menschen. Doch in West Virginia füllt die Kohle noch immer viele Lohntüten sowie die Staatskasse. Sie versorgt Politiker mit Posten und garantiert Wahlerfolge. Für den Erhalt des Kohleabbaus kämpft nicht nur Donald Trump, sondern nach wie vor auch eine Armee aus Bergleuten, Minenunternehmern, Gouverneuren, Bürgermeistern, Senatoren und Abgeordneten.

Früher waren sie fast alle Demokraten. Aber aus dem Blickwinkel der »kleinen Leute« in West Virginia vertritt die Demokratische Partei schon lange nicht mehr ihre Interessen. Larry Jones sagt, Großstädter und linke Umweltschützer hätten die Partei gekapert. Seit Jahren schon machen die Wähler von West Virginia darum ihr Kreuz bei den Republikanern. »Wir kämpfen gegen islamistische Terroristen im Mittleren Osten«, schimpft Bob Adkins, »aber wer schützt uns eigentlich vor dem grünen Terror?« Donald Trump ist sein Held.

In der Turnhalle geht es an diesem eisigen Frühjahrstag wenige Wochen nach Trumps Amtseinführung um neue Bewilligungsverfahren für den Tagebau. Das U. S. Army Corps of Engineers, eine dem Verteidigungsministerium unterstellte Genehmigungsbehörde, muss die Erlaubnis für das Wegsprengen der grünen Bergkuppen erteilen und hat zur Anhörung geladen. (Im März 2017 beauftragte Trump alle Bundesbehörden, alle Gesetze und Verordnungen zu überprüfen, die eine Förderung nationaler Energieträger wie z. B. der Kohle unnötig behinderten.)

Als Obama noch regierte und anordnete, Amerikas CO_2-Ausstoß in die Atmosphäre zu verringern, sahen die Bergarbeiter in jeder Einschränkung dieses *mountaintop mining* sofort einen Frontalangriff auf ihr Leben und ihr Auskommen. Trump hingegen hat versprochen, aus dem in West Virginia verhassten Pariser Klimaschutzabkommen auszutreten. Wenige Monate später, am 1. Juni 2017, machte Trump dieses Versprechen wahr und begründete es mit den Worten: »Ich wurde von den Bürgern von Pittsburgh und nicht von Paris gewählt.«

Darum sind Larry Jones und Bob Adkins weit weniger auf Krawall gebürstet als noch vor einiger Zeit. Trotzdem prallen in der Turnhalle auch dieses Mal wieder zwei Weltsichten aufeinander, in einigen Ecken wird gerempelt. Wann immer Umweltschützer wie Kathy Wade vor Wasserverschmutzung und Erderwärmung warnen, werden sie niedergeschrien: »Arbeitsplatzvernichter!« Larry Jones hat vom Brüllen schon einen puterroten Kopf.

Hinter seiner Wut steckt auch eine angstbesetzte Vorahnung. Jones fürchtet, Teil einer alten Welt zu sein, die trotz Trump so nicht auf Dauer weiterbestehen wird. Der Kohle verdankt die Familie Jones alles. Rund 70 000 Dollar verdient Larry im Jahr, die Beiträge für die Krankenversicherung der Familie und für den Rentenfonds bereits abgezogen. So viel bringt kaum ein anderer Industriearbeiter nach Hause. Die Jones' wohnen in der Nähe der Zeche in einem schönen Eigenheim mit großem Garten. In der Doppelgarage stehen das rote Familienauto und Larrys silbergrauer Pick-up. In den Bergen haben sie noch eine kleine Holzhütte fürs Wochenende.

Larrys Mutter hat noch andere Zeiten erlebt, in denen die Arbeit in der Mine weit gefährlicher war und man mit weniger Geld zurechtkommen musste. Doch auch in ihrem Leben ging es stetig aufwärts. Mit aller Macht wollen die Jones' darum an dem mit Kohle finanzierten Amerikanischen Traum festhalten. Dabei kann Larry den Wahnwitz und den hohen Preis dieses Traums jedes Wochenende mit eigenen Augen sehen.

Samstags setzt er sich oft in den silbergrauen Pick-up und fährt mit seinem Freund Ronny Short hoch zur Hütte, um Damwild zu schießen. Die Jagd in den Wäldern ist für ihn Erholung. Die frische Luft, die Pirsch durchs Unterholz, die Konzentration und die absolute Stille vor dem Schuss – sie lassen ihn den Staub und die Dunkelheit unter Tage vergessen. Doch auf dem Weg in die Wälder muss Larry Jones inzwischen immer größere Umwege zurücklegen. Der Tagebau hat kilometerbreite Kraterlandschaften gerissen, in denen kein einziger Grashalm mehr wächst. Von einer Anhöhe aus erschließt sich das ganze Ausmaß der Zerstörung: karge, grauschwarze Geröllmassen, so weit das Auge reicht. Als hätte ein Bombenkrieg getobt – Bäume, Pflanzen, Erde, Tiere, alles wurde rabiat weggesprengt und fortgeschaufelt. »Egal«, sagt Larrys Freund Ronny, »die Kohle ernährt uns, schöne Landschaften können wir nicht essen.«

Kathy Wade wohnt nur ein paar Täler weiter. Ihr Großvater hat ihr einst das Schießen beigebracht, aber sie geht nicht mehr auf die Jagd. »Ich kann den Anblick der abrasierten Landschaft nicht mehr ertragen.« Aus dem Keller ihres zweistöckigen Hauses holt sie einen Wasserfilter und hält ihn ins Licht, er ist voller schwarzer Ablagerungen. Von den grünen Bergkuppen, die sie in ihrer Jugend bestiegen hat, gibt es nur noch Fotos.

Das erste Mal bin ich Kathy Wade 2009 begegnet, auf einer Demonstration in West Virginias Hauptstadt Charleston. Siebeneinhalb Jahre später stapeln sich auf ihrem Wohnzimmertisch immer noch ein Dutzend Bücher über die Erderwärmung; an der Wand hängt das Bild eines Eisbären auf einer einsamen Scholle. Den meisten Bergarbeitern, klagt sie, sei es doch völlig egal, dass Landschaft und Klima vor die Hunde gehen. »Denen geht es doch nur um Jobs, Jobs, Jobs.«

Dabei haben die Appalachenbewohner nie wirklich von diesem Reichtum profitiert. West Virginia ist von jeher ein Armenhaus. Larry Jones immerhin wohnt mit seiner Familie in einem geräumigen Haus. Es ist frisch gestrichen, der Rasen im Vorgarten ist wie mit der Nagelschere getrimmt. Aber ringsum herrscht das Elend. Windschiefe Hütten ducken sich an den Berg, manche Bewohner hausen in heruntergekommenen Wohnwagen, in den Gärten liegen Schrott und Müll. Alkoholismus, Tablettenabhängigkeit und die Sucht nach anderen Drogen haben sich ausgebreitet wie eine Seuche. In vielen kleinen Orten machen nur noch die Tankstelle, die Bar – und der Drugstore, eine Mischung aus Drogerie und Apotheke, Umsatz.

Längst haben die Gewerkschaften ihren mühsam erkämpften Einfluss verloren, Bergbaukonzerne heuern mit Vorliebe Auswärtige an, die dort für zehn Dollar die Stunde und ohne Anspruch auf Krankenversicherung oder Altersversorgung arbeiten. Vieles hier erinnert an J. D. Vances traurig-schöne Autobiografie *Hillbilly Elegy*.

Bob Adkins ist einer dieser Auswärtigen. Vor sieben Jahren zog er mit seiner Frau und den vier Kindern aus Ohio nach West Virginia. Das Stahlwerk daheim hatte dichtgemacht, es kam nicht gegen die Konkurrenz aus China an. Ein Freund sagte ihm, beim Kohleabbau könne man noch Geld verdienen. Also packte Adkins seine Familie in den altersschwachen Ford und siedelte mit vier Koffern um. Doch der karge Verdienst reicht hinten und vorne nicht. Seine Frau Debbie, die einst von einem Leben als Hausfrau und Mutter träumte, verdient als Putzfrau bei McDonald's zum Glück ein paar Dollar dazu, aber auch das schafft nur wenig Erleichterung.

Die Adkins' wohnen in einem Trailer-Park. So nennt man in den Vereinigten Staaten zusammengewürfelte Siedlungen aus Wohnwagen und mobilen, containerähnlichen Fertighäusern. Schätzungsweise 20 Millionen Amerikaner wohnen in solchen Behausungen, doch die Trailer-Parks sind von durchaus unterschiedlicher Qualität. Manche stehen in gepflegten Parkanlagen mit breiten Alleen. Die Siedlung allerdings, in der die Adkins' leben, ist, wie viele, ein ziemliches Dreckloch.

Schlammige Schotterstraßen führen an ihrer Hütte vorbei, Hunde kämpfen um herumliegende Knochenreste und überall stehen leere Bierflaschen. Durch die Fenster im Container von Bob Adkins pfeift der Wind, im Bad hinter der Toilette ist der Fußboden durchgebrochen. Die vier Kinder schlafen in einem Matratzenlager auf sechs Quadratmetern.

Bob und Debbie rauchen selbstgedrehte Zigaretten. Schon bevor die eine erlischt, wird die nächste angezündet. Der Tabak hat ihre Fingerkuppen schwarz gefärbt. Debbie nimmt alle paar Stunden eine Tablette gegen ihre Rückenschmerzen, aber auch, wie sie sagt, »um sich gegen das Elend zu betäuben«. Wenn Bob Adkins seinen Mund öffnet, fällt einem unweigerlich der alte Spruch ein: Zeig mir dein Gebiss, und ich sage dir, woher du kommst! Er hat kaum noch Zähne, und die verbliebenen sind zu schwarzbraunen Stummeln verkümmert.

Als bloßer Hilfsarbeiter hat er keine Krankenversicherung. Den Besuch beim Zahnarzt kann er sich angesichts seines kargen Lohns nicht leisten. Als ihn neulich die Zahnschmerzen derart plagten, dass er nachts wie ein wilder Tiger durch den Trailer-Park lief, setzte er sich in den alten Ford Kombi und fuhr quer über die Appalachen hinüber nach Virginia.

Seinen Sohn Marc, der ebenfalls über Zahnweh klagte, packte er gleich mit ein.

Ein Kollege hatte Bob erzählt, dass die private Hilfsorganisation Remote Area Medical (RAM) in einer Schule in Virginia zwei Tage lang ein Lazarett aufgeschlagen habe. Ärzte und Medizinstudenten böten dort kostenlose Zahnbehandlungen an. Dieser Verein aus Knoxville, Tennessee, ist für Menschen wie Bob Adkins ein Gottesgeschenk. An Orte, an denen besonders große Not herrscht, kommt ein Freiwilligenheer und macht übers Wochenende aus einer Turnhalle eine Zahnklinik, aus dem Lehrerzimmer eine Ambulanz und aus den Klassenräumen Wartezimmer. Vor der Schule parkt ein riesiger weißer Lkw, den RAM zu einem Augenlabor umgebaut hat. In Windeseile werden dort Brillengläser gefertigt und in Gestelle gepresst, die gespendet wurden.

Vier Stunden mussten Bob Adkins und sein Sohn Marc anstehen, da weit über tausend Menschen gekommen waren; die Schlange der Hilfsbedürftigen wand sich zweimal um den Schulparkplatz. Danach hatten beide eine Zahnlücke mehr, aber sie waren die Schmerzen los. Marc bekam auch gleich noch eine neue Brille verpasst – und alles umsonst.

Wie die Jones-Familie haben auch die Adkins' Trump gewählt. Bob Adkins ist, wie die meisten weißen *blue-collar-workers* in den Appalachen, ein schottisch-irischer Sturkopf. Dieser weiße Menschenschlag sei berüchtigt für seinen Familiensinn, aber ebenso für den ausgeprägten Individualismus, schreibt J. D. Vance in *Hillbilly Elegy*. Die Leute seien religiös, sozial konservativ, würden eigentlich keine Fremden mögen und dem Staat mit abgrundtiefem Argwohn begegnen.

In dieses Muster passt auch Bob Adkins. Man sollte meinen, er sei dankbar für jede Hilfe vom Staat, aber das Gegenteil trifft zu. Obwohl er von der unter Obama eingeführten allgemeinen Krankenversicherungspflicht durchaus profitiert hätte, war Adkins absolut dagegen. »Obamacare ist purer Sozialismus«, schnaubt er und steckt sich eine weitere Zigarette an. »Der Staat soll sich, verdammt noch mal, aus unserem Leben heraushalten.«

»Ich bin kein Trump-Wähler, aber ich verstehe, warum die Menschen, mit denen ich großgeworden bin, es sind.« (Keith Humphreys, aufgewachsen in West Virginia)

Vorspann

In West Virginia nahm Ende der neunziger Jahre Amerikas Drogenkrise ihren Anfang. Sie wird hier »Opioid-Epidemie« genannt und reißt ganze Landstriche noch weiter ins Elend. Die Menschen betäuben sich mit Schmerzmitteln, die sie auf Rezept erhalten, sie spritzen sich Heroin oder nehmen Crystal Meth.

Der Psychiatrieprofessor Keith Humphreys beriet als Drogensuchtexperte sowohl die Bush- als auch die Obama-Regierung. Der 52-Jährige ist in West Virginia aufgewachsen. Viele seiner Vorfahren verdienten ihr Geld im Bergbau. Humphreys war früher Republikaner, wandte sich aber ab, weil die Partei »immer extremer« wurde. Er sagt: »Mein Bruder hat wie die meisten Leute aus West Virginia für Trump gestimmt, ich nicht. Aber ich verstehe, warum sie das getan haben.«

Darum soll Humphreys in diesem Buch als einziger Trump-Gegner zu Wort kommen, denn er hat eine Geschichte zu erzählen, die vieles erklärt. Im Januar 2011 bat ihn der Senat von West Virginia dringend um Rat, wie man die sich ausbreitende »Opioid-Epidemie« irgendwie eindämmen könne. Humphreys sagt, die Reise in seine alte Heimat sei »herzerwärmend und zugleich todtraurig« gewesen.

Keith Humphreys im Gespräch

»Ich war in meinem Bekannten- und Freundeskreis so gut wie der Einzige, der einen Sieg von Trump für möglich hielt. Ich arbeitete damals im Weißen Haus als Drogenberater. Zwei Tage vor der Wahl saß ich beim Frühstück mit zwei Obama-Vertrauten zusammen, sehr kluge Leute sind das. Sie waren absolut davon überzeugt, dass Hillary Clinton gewinnen würde.

Ich meinte, leider sage mir mein Bauchgefühl etwas anderes. Sie hielten das für völlig abwegig. Doch, doch, sagte ich, ich sei in West Virginia großgeworden und kennte diesen Menschenschlag. Auf meinen Reisen als Drogenexperte durch den Mittleren Westen hätte ich den Eindruck gewonnen, die Leute dort seien tief frustriert und deprimiert. Da braue sich etwas zusammen, das in Washington nicht wahrgenommen werde. Meine Bekannten lachten und verwiesen auf die Meinungsumfragen vor der Wahl, denen zufolge Clinton einen großen Vorsprung hatte. Es gab nur einen Freund im Weißen Haus, der meiner Meinung war. Und der stammte aus Wisconsin, einem Staat, der ebenfalls ins Trump-Lager überlief.

In meiner alten Heimat West Virginia werden die meisten Zigaretten geraucht, und es gibt die meisten Drogentoten. Überall in den Bergen findet man Küchen, in denen die Leute illegal Crystal Meth herstellen. Das ist nicht kompliziert, das kann jeder.

Auch der Handel mit Heroin floriert. Und wie am Fließband verschreiben Ärzte hammerharte Schmerzmittel. Richtig auffällig wurde das Ende der neunziger Jahre, ich schlug Alarm, aber keiner nahm davon Notiz. Die Epidemie hatte ja auch nur den armen, vergessenen Mittleren Westen heimgesucht, wen kümmerte das schon. Erst als sie die Appalachen verließ und die großen Städte sowie die Ostküste erfasste, wachten die Politiker plötzlich auf, forderten Hilfsprogramme und machten Geld locker.

Das war wieder einmal so typisch – und für die Menschen in den Weiten des Mittleren Westens ein weiterer Schlag ins Gesicht. Die Ignoranz bestätigte ihr Gefühl, dass sie der Elite in Washington egal seien. Schon immer mussten Menschen aus West Virginia gegen das Vorurteil ankämpfen, rückständig, engstirnig und das Produkt von Inzucht zu sein.

Der einstige Stolz der Bergbewohner ist längst dahin. West Virginia ist bettelarm. Viele Menschen in den dunklen Tälern zwischen den steilen, spitzen Bergen pumpen sich mit Drogen voll, um die feindliche Welt da draußen auszublenden. Für andere sind die Rauschmittel eine willkommene Einkommensquelle, denn sie können mit dem Verkauf zusätzliches Geld verdienen, um die Miete oder die Arztrechnung zu bezahlen.

Wenn du 40 Stunden bei Walmart im Supermarkt schuftest und trotzdem kaum über die Runden kommst, ist es verlockend, einen Teil der Schmerzmittelrezepte, die dir dein Arzt verschrieben hat, weiterzuverscherbeln. Die Pharmazieindustrie, die sehr aggressiv für diese Medikamente geworben hat, ist mitschuldig.

Meine Familie kam im 19. Jahrhundert nach West Virginia. Die meisten meiner Vorfahren wanderten aus Wales und Schottland ein. Ein paar kamen später aus Litauen dazu, auf der Flucht vor der Russischen Revolution. Die Männer fuhren ins Bergwerk ein oder kochten Stahl, eine Handvoll ging zum Militär. Das war eine Arbeit, die sie noch aus Europa kannten und die sich ohne große Schulbildung verrichten ließ. Mein Vater und mein Bruder wurden Ingenieure, sie sind Aufsteiger, aber blieben in der Branche ihrer Vorväter. Nur ich schlage als Psychiatrieprofessor aus der Art.

Ich bin in den sechziger Jahren in Morgantown aufgewachsen, einer kleinen Stadt mit damals gerade einmal 20 000 Einwohnern. Immerhin gab es da ein College. Jedes Mal, wenn wir in die nur fünfmal so große Hauptstadt Charleston fuhren, war das für mich eine Reise in die große, weite Welt – die vielen Menschen, die vielen Autos, die breiten Straßen mit Kaufhäusern.

Wenn ich heute in West Virginia bin, treffe ich lauter Leute, die mir sagen: Damals, als du jung gewesen bist, war alles viel besser! Für viele, die keine Collegeausbildung haben, stimmt das auch. Die Öffnung des amerikanischen Marktes für chinesischen Stahl hat im Mittleren Westen einige Stahlwerke hart getroffen und blieb auch nicht ohne Folgen für die Bergmänner.

Aber mindestens ebenso einschneidend ist der soziale und kulturelle Wandel. Wenn die Menschen in West Virginia sagen, vor fünfzig, sechzig Jahren sei ihr Leben besser gewesen, dann meinen sie, dass ihre Wertvorstellungen damals die Wertvorstellungen fast aller Amerikaner waren, egal ob sie in den Appalachen, auf Long Island, in den Sümpfen von Louisiana oder an der Küste Kaliforniens wohnten. Man war gemeinsam stolz auf sein Land und hisste an Nationalfeiertagen das Sternenbanner vor dem Eigenheim. Die Vereinigten Staaten von Amerika waren für alle eine einzigartige, außergewöhnliche, »exzeptionelle« Nation, der beste Ort auf der Welt. Sonntags gingen die Leute in die Kirche, ein Mann heiratete eine Frau, sie zeugten Kinder und gründeten eine Familie. Frauen konnten, wenn sie wollten, arbeiten. Aber viele blieben zu Hause, ihre Männer verdienten damals oft genug, um alle zu ernähren.

Die Soziologin und Autorin Arlie Russell Hochschild hat das auf ihren Reisen durch den Südstaat Louisiana erfahren und beschreibt diese Eindrücke in ihrem Buch *Fremd in ih-*

rem Land. Auch in West Virginia finden die meisten Menschen ein solches Leben immer noch erstrebenswert, aber große Teile Amerikas haben sich von diesen Wertvorstellungen immer weiter entfernt. Auf einmal sind die Leute in den Appalachen in der Minderheit. Mehr noch: Sie fühlen sich marginalisiert, abgestempelt und abgelehnt. Ihre Ressentiments gegen die Städter, die Küstenbewohner, die liberale Elite werden immer größer.

Ich erinnere mich noch gut daran, als der Supreme Court im Sommer 2015 die gleichgeschlechtliche Ehe erlaubte. Das Weiße Haus, in dem ich damals arbeitete, wurde aus Freude in die Regenbogenfarben der Schwulen- und Lesbenbewegung getaucht. Auf dem Platz davor tanzten und jubelten Hunderte in regenbogenfarbene Tücher gehüllte Menschen. Für sie war ein Traum wahr geworden. Das Urteil des Obersten Gerichts heilte in Kalifornien und New York viele verletzte Seelen, in West Virginia aber schlug es neue Wunden. Die meisten Menschen dort verstanden plötzlich die Welt nicht mehr. Für sie wurden an diesem Tag ihre Moral, ihr Glaube und die zehn Gebote mit Füßen getreten.

Ein weiteres Beispiel: Als Barack Obama Präsidentschaftskandidat wurde, sagte seine Frau Michelle, nun sei sie zum ersten Mal stolz auf ihr Land. Ich konnte das gut nachvollziehen, wie sollte eine schwarze Frau mit ihren bitteren Erfahrungen und der Sklavengeschichte ihrer Familie auch anders reagieren. Aber in West Virginia fragten viele Menschen ebenso ungläubig wie verärgert: ›Wie bitte? Ein Amerikaner hat immer stolz auf sein Land zu sein!‹

Nach seiner ersten Vereidigung reiste Obama im Frühjahr 2009 als Präsident nach Europa und wurde dort von Journalisten gefragt, ob auch für ihn die Vereinigten Staaten ein »exzeptionelles Land«, eine Ausnahmenation seien. ›Natürlich‹, antwortete er, ›aber nicht außergewöhnlicher als etwa Großbritannien für die Briten oder Griechenland für die Griechen.‹ In West Virginia grenzte diese Bemerkung an Vaterlandsverrat. Ich habe einen sehr guten Freund, er ist einer meiner klügsten und gebildetsten Freunde. Er war ebenso entsetzt und meinte, Obama sei nicht patriotisch genug.

In den Universitäten, in den großen Städten denken die meisten Amerikaner inzwischen anders. Sie sind kosmopolitisch, sehen ihr Land viel kritischer und tragen keine Anstecknadel mit dem Sternenbanner am Revers. Diese Leute haben volles Verständnis, wenn schwarze Footballspieler sich weigern, zur Nationalhymne strammzustehen. Sie finden es richtig, dass Obama sich damals bei einigen Ländern für das ihnen von uns zugefügte Leid entschuldigte. Aber dieses Amerika ist von West Virginia Lichtjahre entfernt.

Als ich in Morgantown großwurde, hatte ich keine Ahnung, was ein Muslim ist. Fünfzig Jahre später sind die meisten Menschen in West Virginia immer noch keinem begegnet. Aber sie haben eine feste Meinung darüber, was ein Muslim ist und dass er nicht nach Amerika gehört. Sie lesen im Internet und hören auf *Fox News*, dass Mexikaner und Muslime angeblich Amerika überschwemmen und unseren Lebensstil bedrohen. Und da sie sowieso mit ihrem Leben hadern und sich in die Ecke gedrängt fühlen, glauben sie das sofort. Es gibt in West Virginia kaum Latinos, sie machen allenfalls ein bis zwei Prozent der Bevölkerung aus. Trotzdem wettern hier alle gegen Einwanderer. Neulich habe ich einen frechen Autoaufkleber gesehen, der den Nagel auf den Kopf trifft: ›Wenn du Privilegien genossen hast, empfindest du Gleichheit als Unterdrückung.‹

Auf einmal kommt da einer wie Donald Trump, der alle Ressentiments perfekt bedient, der auf die Mexikaner und den Freihandel, auf die Klimaschützer und die liberale Elite einschlägt. Er richtet die niedergedrückten ›kleinen Leute‹

wieder auf, stellt sich hin und sagt ihnen: ›Ihr habt Amerika besiedelt und groß gemacht. Und was ist der Preis? Die anderen spucken auf euch.‹ Klar, da recken die Gebirgsbewohner aus West Virginia ihren Mittelfinger und sagen: ›Wir werden es denen zeigen, wir wählen Trump!‹«

Daten und Fakten zu Amerikas weißen Wählern

Rund 136 Millionen Amerikaner* haben am 8. November 2016 gewählt. Die Beteiligung lag bei rund 59 Prozent. Hillary Clinton erhielt 48,17 Prozent der abgegebenen Stimmen, Donald Trump 46,01 Prozent. Der Unterschied betrug knapp drei Millionen Wählerstimmen. Da aber im amerikanischen Wahlsystem nicht die Stimmenmehrheit über einen Sieg entscheidet, sondern die Mehrheit der Wahlleute, lag Trump mit 304 gewonnenen Wahlleuten klar vorne. Clinton hatte lediglich 227 Wahlleute auf ihrer Seite.

Das Wahlsystem

1920 stellte das Census Bureau der Vereinigten Staaten zum ersten Mal fest, dass mehr Amerikaner in städtischen als in ländlichen Regionen wohnen. Für ein Land, dessen Gründungsväter der festen Meinung waren, Amerikas Stärke werde auf alle Zeiten seine Landbevölkerung sein, war das ein tiefer Einschnitt. Bis heute schlägt sich dieser Gründungsmythos im Wahlsystem nieder, das den eher dünn besiedelten Staaten im Mittleren Westen Vorteile gewährt, gerade bei der Präsidentschaftswahl.

Amerikas Staatsoberhaupt wird nicht direkt vom Volk gewählt, sondern von einem dazwischengeschalteten Wahlmännergremium, das 538 Mitglieder hat. Jeder der 50 Bundesstaaten entsendet nach der Präsidentschaftswahl dorthin

---

* Die in diesem Kapitel zusammengefassten Erkenntnisse entstammen Studien, Analysen und repräsentativen Umfragen folgender Institute: Pew Research Center, United States Election Project, Gallup, US-Census Bureau, Brookings, American Enterprise Institute, Cato, Center for American Women and Politics der Rutgers-Universität, Center for American Progress.

eine bestimmte Anzahl von Wahlleuten. Und das geht so: Derjenige Kandidat, der in einem Bundesstaat nach der Auszählung die meisten Wählerstimmen auf sich vereint, bekommt – bis auf zwei Ausnahmen in den Staaten Nebraska und Maine – alle Wahlmänner und -frauen dieses Staates. Wer am Ende mindestens 270 Wahlleute gewonnen hat, wird Präsident.

Es geht also bei der Wahl darum, möglichst viele und möglichst viele entscheidende Bundesstaaten zu erobern, denn die Bundesstaaten sind die politische Bezugsgröße bei der Präsidentschaftswahl. Darum tingeln die Kandidaten auch die gesamte Zeit durchs Land, vor allem durch jene Staaten, die sie für einen Sieg halten müssen und die sie zusätzlich gewinnen wollen oder müssen. Es ist ein mathematisches Spiel.

Jeder Bundesstaat erhält so viele Wahlmänner und -frauen, wie er Senatoren und Abgeordnete in den Kongress zu Washington entsendet. Die Zahl der Senatoren ist bei allen Bundesstaaten gleich, es sind immer zwei. Die Zahl der Abgeordneten variiert und richtet sich ungefähr nach der Bevölkerungszahl im jeweiligen Staat.

Die Tatsache, dass jeder Bundesstaat, egal wie viele Einwohner er hat, für seine zwei Senatoren bereits zwei Wahlmänner erhält, führt zu Verzerrungen. Ein Beispiel: Das ländliche Wyoming mit knapp 600 000 Einwohnern schickt einen Abgeordneten und zwei Senatoren nach Washington und bekommt dafür drei Wahlmänner. Kalifornien mit knapp 40 Millionen Bewohnern wird im Kongress von 53 Abgeordneten und zwei Senatoren vertreten, weshalb es 55 Wahlleute erhält.

Das bedeutet: Die zwei Senatoren aus Wyoming verschaffen diesem Staat im Wahlmännergremium eine weit größere Macht, als ihm nach der Bevölkerungsdichte eigentlich zustehen würde. Denn würde man auch die Zahl der

Senatoren anhand des Bevölkerungsschlüssels berechnen, müsste zum Beispiel Kalifornien 159 Wahlleute erhalten. Folglich ist der eher ländliche, dünn besiedelte Mittlere Westen bei der Besetzung des Wahlmännergremiums klar im Vorteil.

Die weiße Wählerschaft

Waren im Jahre 1960 noch 91 Prozent aller amerikanischen Wahlberechtigten weiß, sank ihr Anteil bis 2016 auf knapp 70 Prozent. Er wird weiter abnehmen und 2040 aller Voraussicht nach unter 50 Prozent liegen. Allerdings machen Weiße nach wie vor weit stärker von ihrem Stimmrecht Gebrauch als die Angehörigen ethnischer Minderheiten, die spätestens 2040 die Mehrheit aller Amerikaner – und auch die Mehrheit aller Wahlberechtigten stellen werden. So gesehen kommt es immer noch entscheidend auf die weißen Wähler an.

2016 gaben 65,3 Prozent aller wahlberechtigten weißen Staatsbürger ihre Stimme ab, aber nur 59,6 Prozent der Afroamerikaner, 47,6 Prozent der Latinos und 49,9 Prozent anderer ethnischer Minderheiten. Die meisten Angehörigen der letzten Gruppe sind Amerikaner mit asiatischen Wurzeln.

Nur 2012, bei Obamas Wiederwahl, stimmten erstmals prozentual mehr Schwarze als Weiße ab. Fast immer, wenn ein Präsidentschaftskandidat einer bestimmten wichtigen Gruppe zugerechnet werden kann, wählen die Mitglieder dieser Gruppe mit überwältigender Mehrheit ›ihren‹ Kandidaten. 1960 hieß es, ein Katholik könne im mehrheitlich protestantischen Amerika nie Präsident werden. Doch die extrem hohe Wahlbeteiligung der Katholiken verschaffte dem Demokraten John F. Kennedy den Sieg. Ähnlich war es mit den Afroamerikanern bei Obama und den weißen *blue-collar-workers* bei Trump.

Weiße Wähler favorisieren seit den siebziger Jahren bei Präsidentschaftswahlen die Republikaner. Der Trend hat sich in den vergangenen achtzehn Jahren enorm verstärkt. Angehörige der Minderheiten hingegen bevorzugen die Demokraten.

Dementsprechend erhielt Trump 58 Prozent der weißen Stimmen, Hillary Clinton nur 37 Prozent. Das ist in etwa dieselbe Differenz, die 2012 auch zwischen Barack Obama und seinem republikanischen Herausforderer Mitt Romney bestand. Der wichtige Unterschied: Obama konnte den Verlust bei der weißen Wählerschaft mit einem gewaltigen Vorsprung bei den Minderheiten wettmachen. Clinton bekam von Letzteren 2016 jedoch nicht den für einen Sieg notwendigen Rückhalt.

Hillary Clintons großer Fehler lag darin, dass sie ihre Anziehungskraft auf Wähler der Minderheiten überschätzte, wohingegen sie *unter*schätzte, wie wichtig für sie die weißen Wähler waren – und zwar nicht nur jene mit einer höheren Bildung, sondern gerade auch die *blue-collar-workers*. Letztere stellen immer noch ein Drittel der gesamten Wählerschaft, in den ländlichen Regionen sogar die Hälfte. Sie sind damit nach wie vor die größte Wählergruppe.

Im Vergleich zum Republikaner Mitt Romney, der 2012 Präsident werden wollte, gewann Trump zudem mehr Stimmen bei den Minderheiten. Das hat er vor allem den männlichen schwarzen, lateinamerikanisch- und asiatischstämmigen Wählern zu verdanken.

Ein Beispiel: 88 Prozent aller afroamerikanischen Wähler waren für Clinton, nur acht Prozent für Trump. Die Demokratin konnte zwar 93 Prozent der schwarzen Wählerinnen für sich einnehmen, aber nur 80 Prozent der männlichen schwarzen Wähler. Zum Vergleich: Obama erhielt 2012 93 Prozent der Stimmen aller Afroamerikaner, die wählen gingen.

Die Bildung

Hillary Clinton gewann zwar die Mehrheit der Wähler mit einem Collegeabschluss, aber die Weißen in dieser Gruppe bevorzugten mit vier Prozentpunkten Trump. Der Republikaner kam auf 49, die Demokratin nur auf 45 Prozent. Entscheidend jedoch war Trumps gewaltiger Vorsprung bei den sogenannten weißen *blue-collar-workers*, den weißen Amerikanern ohne einen Collegeabschluss. Sieben von zehn unter ihnen wählten Trump, jedoch nur jeder Dritte Clinton. Trump hatte bei dieser Gruppe am Ende einen Vorsprung von 39 Prozentpunkten – so riesig war die Kluft noch nie, seit diese Statistik erhoben wird.

Männer, Frauen – und das Alter

53 Prozent aller männlichen Wähler favorisierten Trump, von den weißen Männern sogar 63 Prozent. Hingegen waren 54 Prozent der Frauen für Clinton. Dass die Demokratin bei den Amerikanerinnen die Nase vorn hatte, lag vor allem an den Wählerinnen aus den ethnischen Minderheiten. Denn 53 Prozent der weißen Frauen wollten Trump als Präsidenten, jene ohne einen Collegeabschluss sogar zu 62 Prozent. Gewinnen konnte Clinton nur weiße Frauen mit einem Collegediplom, bei diesen lag sie mit 51 Prozent sechs Punkte vor ihrem republikanischen Konkurrenten.

Junge Wähler bis 29 Jahre wiederum wünschten sich Clinton im Weißen Haus. Die Demokratin kam bei dieser Gruppe auf 55 Prozent und lag damit exakt 18 Prozentpunkte vor Trump. Der aber überzeugte die Gruppe der über 65-Jährigen mit acht Punkten Vorsprung. Und das war besonders wichtig, denn die Gruppe der älteren Amerikaner ist nicht nur zahlenmäßig größer, sie nutzt ihr Stimmrecht auch ausgiebiger als die Jungen. Konkret: Nur 46 Prozent der 18- bis 29-Jährigen gingen wählen, hingegen taten das knapp 71 Prozent der über 65-Jährigen. Ein weiterer Vorteil für Donald Trump.

Die Wähler der Mittelschicht

Die ganz überwiegende Mehrheit der Wähler sind Amerikaner mit einem mittleren Jahreseinkommen. Das lag 2014 für eine dreiköpfige Familie zwischen 42 000 und 125 000 Dollar. In den meisten Regionen des Mittleren Westens und des Nordostens, in denen mindestens 55 Prozent der Einwohner zu dieser Gruppe zählen, siegte Donald Trump. Er behielt nicht nur die Wahlkreise, die bereits fest im republikanischen Lager waren, sondern gewann auch massenhaft jene dazu, die vier und acht Jahre zuvor ihr Kreuz bei Obama gemacht hatten.

2016 liefen vor allem viele Regionen in Wisconsin, in Pennsylvania, Michigan, Iowa und Ohio zu den Republikanern über. Die Demokraten konnten oft nur noch die wohlhabenden und ganz armen Bezirke halten.

Die Religion

56 Prozent aller Wähler, die mindestens einmal die Woche zum Gottesdienst gehen (das tut etwa die Hälfte aller Amerikaner), bevorzugten Trump. Die Mehrheit der Protestanten (58 Prozent) und der Katholiken (52 Prozent) stimmte für ihn. Unter den Katholiken war die Sympathie allerdings nicht so eindeutig verteilt: 60 Prozent der weißen Mitglieder wollten Trump, aber dasselbe galt nur für jeden vierten katholischen Latino.

Obwohl Trump die jüdischen Wähler umgarnte und seine Tochter Ivanka, die mit einem Juden verheiratet ist, zum jüdischen Glauben übergetreten war, gaben ihm nur 24 Prozent der amerikanischen Juden ihre Stimme; 71 Prozent votierten für Clinton.

Trumps wichtigster Erfolg aber bestand darin, dass er acht von zehn Wählern gewann, die sich als evangelikale oder wiedergeborene Christen bezeichnen. Zu ihnen zählen protestantische wie katholische Fundamentalisten, aber ebenso einige Gruppen der Mormonen. Sie stimmten nicht nur besonders zahlreich ab, sondern stellten auch jeden vierten amerikanischen Wähler mit religiösem Bezug.

Was die Trump-Wähler 2016 bewegte

Einige Monate vor der Präsidentschaftswahl wurde den Amerikanern die Frage gestellt, ob das Leben für sie 2016 schlechter sei als noch vor fünfzig Jahren. Acht von zehn Trump-Unterstützern sagten Ja, aber nur zwei von zehn Wählern, die Clinton wählen wollten. Überhaupt blickten Unterstützer der Republikaner 2016 eher pessimistisch in die Zukunft. 68 Prozent meinten, die nächste Generation werde es nicht so gut haben wie sie, 61 hielten den Freihandel für eine schlechte Sache.

Wenige Tage, bevor sie ihren Stimmzettel abgaben, sagten acht von zehn Trump-Wählern, die illegale Einwanderung sei für sie ein »sehr großes« Problem, aber nur zwei von zehn Clinton-Wählern ging es ähnlich. Ernsthafte Sorgen machten sich die Trump-Sympathisanten außerdem über die Wirtschaftsentwicklung, die Lage am Arbeitsmarkt, den islamistischen Terrorismus, die Rassenunruhen und die Kriminalität in den Städten. Der Klimawandel, die Massenschießereien und die sich öffnende Wohlstandsschere bekümmerten sie hingegen so gut wie nicht. Bei den Clinton-Anhängern fiel das Ergebnis genau andersherum aus.

Sieben von zehn Trump-Wählern bezeichneten sich als »Traditionalisten«. 59 Prozent sagten, die Begriffe »Ehre« und »Pflicht« seien ihnen besonders wichtig. 69 Prozent wiederum fühlten sich mit der Bezeichnung »Unterstützer des Waffenvereins National Rifle Association« treffend beschrieben, aber nur jeder Vierte befürwortete gleiche Rechte für Schwule, Lesben und Transgendermenschen.

Die schwarze Protestbewegung »Black Lives Matter«, eine Folge der Polizeigewalt gegen Afroamerikaner, stieß nur bei sechs Prozent der Trump-Wähler auf Sympathien, hingegen bei 73 Prozent der Clinton-Anhänger. Nur jeder zwanzigste Trump-Unterstützer bezeichnete sich als »Feminist«, im Gegensatz zu mehr als einem Drittel derjenigen, die Clinton ihre Stimme geben wollten.

Zufriedenheit mit dem Präsidenten Donald Trump

Mitte Mai 2018 waren 42 Prozent der Amerikaner mit Trumps Arbeit zufrieden, 52 Prozent hingegen unzufrieden. Das Ergebnis schwankt von Woche zu Woche, doch mindestens 38 Prozent halten nach wie vor zu ihm. Das ist kein besonders gutes, aber ein solides Ergebnis.

Die besten Noten erhält Trump für die Wirtschaftspolitik. 46 Prozent der Amerikaner finden Anfang Mai 2018, er mache in diesem Bereich einen guten Job. Beim Thema Umweltschutz sind nur 31 Prozent dieser Ansicht.

Ganz anders schaut das Ergebnis aus, wenn dabei nach Parteipräferenzen unterschieden wird. Konkret meinen 90 Prozent der Republikaner, Trump sei ein guter Präsident. 81 Prozent der Republikaner sind mit seiner Arbeit zufrieden, aber nur sieben Prozent der Demokraten. Weit mehr

Männer als Frauen geben ihm gute Noten, aber auch mehr Weiße als Angehörige von Minderheiten. Nur 31 Prozent aller Frauen loben Trumps Arbeit, allerdings tun das 78 Prozent der Republikanerinnen.

Aber auch die republikanischen Wähler lassen sich nicht alle über einen Kamm scheren. Die meiste Unterstützung erfährt Trump von besonders konservativen Gruppen sowie von jenen, denen es in erster Linie darum geht, in der Welt amerikanische Interessen durchzusetzen. Doch selbst unter ihnen gefällt höchstens jedem Zweiten Trumps rabiater Stil und sein launisches Verhalten.

Donald Trump will ein ›disruptiver‹ Präsident sein, ein Störenfried, dem Konventionen, Allianzen, traditionelle Formen der Politik und das eigene Parteiestablishment herzlich egal sind. Die republikanische Basis verehrt ihn dafür. Auf ihre Unterstützung ist er weiterhin angewiesen.

Das ist allerdings weder ein besonders breites Wählerfundament, noch ist diese Basis in ihrer demografischen und inhaltlichen Begrenztheit sonderlich ausbaufähig. Darin liegt ein Risiko für die Republikaner und eine Chance für die Demokraten. Gleichwohl waren die Trump-Truppen dank ihrer guten Aufstellung, dank des Wahlsystems und einiger anderer vorteilhafter Rahmenbedingungen 2016 stark genug, um alle Gegner aus dem Feld zu schlagen und das Weiße Haus zu erobern. Es ist nicht ausgeschlossen, dass es ihnen 2020 auch ein zweites Mal gelingen könnte.

Schlusswort

Während ich im Sommer 2018 dieses letzte Kapitel schreibe, herrscht in der Welt wieder einmal große Empörung über Donald Trump. Zumindest in der halben Welt. Denn das gewaltige mediale und politische Trommelfeuer lässt in Vergessenheit geraten, dass knapp die Hälfte der Amerikaner Trumps Politik unterstützt und dass auch außerhalb der Vereinigten Staaten vermehrt Nachahmer von Trump Wahlen gewinnen.

Im Frühsommer 2018 spaltete Trump sein Land mit einer Flut von Aktionen. Anfang Juni erhob er Strafzölle auf Stahl- und Aluminiumimporte aus Kanada, Mexiko und der Europäischen Union, ebenso auf etliche chinesische Produkte, die in die Vereinigten Staaten eingeführt werden. Trumps Begründung: Damit schütze er »Amerikas nationale Sicherheit«. In seinen Augen sind offenbar auch Freunde, Nachbarn und Verbündete eine Gefahr.

Natürlich wehrten sich alle Betroffenen mit Gegenmaßnahmen, woraufhin Trump mit weiteren Strafzöllen drohte. Es bahnt sich ein Handelskrieg an, doch Trump ist es völlig egal, dass er gegen das Welthandelsrecht verstößt und die Welthandelsorganisation WTO zerstört. Er misstraut dem, ja verachtet den Multilateralismus. Anders als sein Vorgänger Barack Obama sieht Trump in internationalen Verträgen und Institutionen keine Stärkung, sondern eine Schwächung Amerikas. Es existieren in seiner Weltsicht darum nur zwei Optionen: Entweder passen sich die Abkommen und Organisationen den nationalen amerikanischen Interessen an, oder die Vereinigten Staaten ziehen sich aus dem Geflecht internationaler Bindungen zurück.

Trump steht mit dieser Haltung allerdings nicht allein. In vielen Gesellschaften erstarken Nationalismus und Populismus, sie erfassen selbst aufgeklärte Demokratien. Immer mehr Regierungen neigen zu Alleingängen, auch in Europa. Ob UNO oder EU, ob WTO oder NATO – alle multilateralen Zusammenschlüsse stehen inzwischen unter Beschuss und sind in Gefahr. Die aus den Trümmern des Zweiten Weltkriegs geborene Erkenntnis, dass sich Frieden und Wohlstand nur dann dauerhaft sichern lassen, wenn man gemeinsamen Interessen Vorrang vor nationalen Egoismen einräumt, verliert rasant an Rückhalt.

Auf dem G7-Gipfel Anfang Juni 2018 in Kanada kam es zum offenen Eklat zwischen Trump und den anderen sechs Teilnehmern. Die Präsidenten und Premiers aus den USA, Kanada, Japan und den vier EU-Staaten Frankreich, Großbritannien, Italien und Deutschland hatten sich im Le Manoir Richelieu getroffen, einem historischen Hotel am Sankt-Lorenz-Strom. Der Sonnenschein hätte nicht strahlender, die Kulisse nicht malerischer sein können. Doch es wurde erbittert über die von Trump dekretierten Strafzölle gestritten. Gleichwohl gelang den Sieben nach mühsamen Verhandlungen die Einigung auf eine gemeinsame Schlusserklärung, in der sich auch Trump zum Freihandel bekannte.

Danach reiste Amerikas Präsident vorzeitig ab, denn er flog nach Singapur, um sich auf das bevorstehende Treffen mit dem nordkoreanischen Diktator Kim Jong Un vorzubereiten. Trump befand sich bereits in der Luft, als Kanadas Premierminister Justin Trudeau vor die Weltpresse trat und kundtat, was eigentlich eine Selbstverständlichkeit ist: Sein Land lasse sich nicht von den USA herumschubsen und werde auf die Strafzölle mit eigenen Schutzzöllen auf ausgewählte amerikanische Waren reagieren. Trump aber fand Kanadas Selbstbehauptung unverschämt und twitterte wütend aus dem Präsidentenflugzeug, er ziehe seine Unterschrift unter der Abschlusserklärung der G7 unverzüglich zurück.

Kaum hatte die Öffentlichkeit den Zwist mit Kanada verdaut, stiftete Trump auf dem Gipfel mit Nordkoreas Staatschef Kim Jong Un neue Verwirrung. Es stimmt, diese Begegnung war von historischer Tragweite, und aus friedenspolitischer Sicht enorm wichtig. Doch indem Trump den Nordkoreaner, einen der wohl grausamsten Diktatoren der Gegenwart, wie einen guten Freund umarmte und jede Distanz vermissen ließ, machte er dieses Treffen eher zu einer Farce. Außerdem schraubte er die Erwartungen an den Gipfel viel zu hoch. Trump nannte die Schlusserklärung, in der nichts Verbindliches steht, »ziemlich umfassend«, einen »großartigen« und »bahnbrechenden« Deal. Die »ganze Beziehung zu Nordkorea und zur koreanischen Halbinsel«, prahlte er, werde sich nun ändern und die Befreiung Koreas von der atomaren Bedrohung »sehr, sehr schnell« beginnen. Die nukleare Katastrophe, so Trump, sei gebannt.

Doch schon vier Wochen später behauptete er ungefähr das Gegenteil. Auf einmal bezeichnete Trump die von Nordkorea ausgehende nukleare Gefahr wieder als »außerordentlich« groß und ordnete an, die Sanktionen gegen das Kim-Regime für ein weiteres Jahr aufrechtzuerhalten. Gegensätzlicher können Signale kaum sein. Um die Verwirrung über seinen Kurs auf die Spitze zu treiben, setzte er zugleich gemeinsame Militärmanöver mit dem befreundeten und verbündeten Südkorea einstweilen aus. Seine Begründung: Er wolle Nordkorea nicht weiter provozieren, und außerdem seien die Manöver mit den südkoreanischen Alliierten sowieso viel zu teuer. Wie es scheint, sind Amerikas Sicherheitsgarantien für Verbündete ab sofort Verhandlungsmasse. Ist das Trumps *Art of the Deal*?

Viele erfahrene Außenpolitiker der Republikanischen Partei waren empört, selbst der im Sterben liegende Senator John McCain twitterte seinen Protest. Auch in der Nato-Zentrale reagierte man entsetzt. Doch Trumps Wähler waren gegenteiliger Ansicht, denn sie sehen die Welt durch eine ganz andere Brille. Sie finden, dass Trump in Kanada wie auch in Singapur absolut richtig gehandelt hat. In ihren Augen war es an der Zeit, den arroganten, liberalen Besserwissern aus Europa und Kanada vors Schienbein zu treten sowie mit Nordkoreas Kim Jong Un – und wenig später ebenso mit Wladimir Putin – auf höchster Ebene von Mann zu Mann zu verhandeln.

Lehrer Rick Burdick und Pastor Mike Breininger aus Wisconsin jedenfalls können es kaum erwarten, dass ein amerikanischer Präsident endlich wieder hartbeinig nationale Interessen vertritt. Obamas Außenpolitik war ihrer Meinung nach viel zu weich, zu nachgiebig und unpatriotisch. Eine Weltmacht zu sein, heißt weder für Burdick noch für Breininger, stets Krieg zu führen und in sämtlichen Konflikten dieser Welt mitzumischen. Stärke zu demonstrieren, so Burdick, könne ebenso bedeuten, sich gezielt aus Krisen herauszuhalten, die Interessen der eigenen Nation an die oberste Stelle zu rücken und auf die Mitgliedschaft in internationalen Verträgen und Organisationen zu pfeifen.

Am Tag nach dem Scheitern des G7-Gipfels korrespondierte ich mit Francis Buckley, dem Juraprofessor und Trump-Unterstützer aus Virginia, der sowohl die kanadische als auch die amerikanische Staatsangehörigkeit besitzt. Da er ein entschiedener Verteidiger des Freihandels und ein Gegner von Strafzöllen ist, wollte ich wissen, ob ihm Trumps Nationalismus und zornige Attacken auf Amerikas Alliierte allmählich unheimlich würden.

Weit gefehlt. »Nein«, schrieb Buckley zurück, »Trumps Wut ist strategisch.« Natürlich wäre ein Handelskrieg mit Kanada und den Europäern »dumm«. Aber so weit werde es der Präsident nicht kommen lassen, weil die Europäer, die Kanadier, die Mexikaner und Chinesen vorher einknicken und einlenken würden. Anders als Kanadas Premier Trudeau oder die Deutsche Angela Merkel, sagt Buckley, pflege Trump einen »sehr männlichen« Politikstil – und habe damit durchaus Erfolg.

Offenbar ist die Bundeskanzlerin inzwischen auch Trumps liebste Zielscheibe. Mit Vorliebe kritisiert er immer wieder Merkels Flüchtlingspolitik. So twitterte Trump Ende Juni 2018, als sich die große Koalition mal wieder erbittert über Asylbewerber stritt, die Kriminalität in Deutschland sei mit den vielen Flüchtlingen und Migranten rasant in die Höhe geschnellt. In Berlin war man zu Recht darüber entrüstet, denn dieser Trump-Tweet verbreitete wie so oft eine gezielte Falschinformation des US-Präsidenten. Die Wahrheit ist genau umgekehrt: Laut Polizeilicher Kriminalstatistik war 2017 die Kriminalitätsbelastung in Deutschland so gering wie schon seit 1992 nicht mehr. Freilich sind einige Flüchtlinge und Migranten in der Tat ein Problem. Bei bestimmten Gewalt- und Sexualdelikten wurden 2016 und 2017 vor allem junge Männer aus Nordafrika, aber auch aus Syrien oder Afghanistan im Vergleich etwa zu ihren deutschen Alters- und Geschlechtsgenossen unverhältnismäßig oft von der Polizei als Tatverdächtige registriert.

Während ich dieses Schlusskapitel schreibe, tobt allerdings in Amerika ein ebenso heftiger Streit über Einwanderungspolitik und die Grenzen der Inhumanität. Er droht die gespaltene Gesellschaft noch weiter zu zerreißen. Denn seit Anfang 2018 versuchen wieder vermehrt Flüchtlinge und Migranten aus den von Armut und Gewalt heimgesuchten Staaten Mittelamerikas über die mexikanische Grenze in die USA zu gelangen. Die meisten stellen keinen Asylantrag, weshalb sie als illegale Einwanderer gelten.

Die Trump-Regierung verstärkte die Kontrollen und ordnete an, alle an der Grenze aufgegriffenen illegalen Einwanderer für die Dauer des Abschiebeverfahrens in Haft zu nehmen. Das galt auch für Eltern, die mit ihren Kindern geflohen waren. Das war neu, denn zuvor wurden Familien mit Kindern nicht inhaftiert. Sie durften ins Land und mussten dort auf die Entscheidung der Einwanderungsbehörde warten. Etliche nutzten allerdings diese Gelegenheit und tauchten in den Vereinigten Staaten unter.

Weil Kinder jedoch nicht eingesperrt werden dürfen, wurden sie auf Anweisung der Trump-Regierung von ihren Eltern getrennt und in einer anderen Unterkunft oder bei einer Pflegefamilie untergebracht. Es spielten sich an der Grenze erschütternde Szenen ab. Die Bilder und Tonaufnahmen von weinenden Kindern sowie verzweifelten Müttern und Vätern ließen selbst einige hartgesottene Konservative nicht kalt, und auch Präsidentengattin Melania Trump äußerte per Twitter ihr Mitgefühl. Zwei Drittel der Amerikaner verlangten ein Ende der Familientrennung. Schließlich gab Donald Trump nach. Es war das erste Mal, dass der Präsident nicht durch Gerichte oder den Kongress, sondern von öffentlichen Protesten zur Umkehr gezwungen wurde.

Gleichwohl hat Trump dieser Konflikt nicht geschadet, im Gegenteil, er nutzt ihm offenbar, vor allem bei seinen weißen Unterstützern. Für sie war Trumps unnachgiebige Haltung in Sachen Einwanderung schon damals im November 2016 wahlentscheidend. Die Furcht vor Überfremdung verbindet fast alle seine Wählergruppen. Trump weiß das und ist darum eisern entschlossen, dieses Angstthema auch für die Kongresswahlen im November 2018 voll auszureizen. Kaum hatte er das Trennungsdekret widerwillig aufgehoben, polemisierte er gegen die oppositionellen Demokraten, die er einer »unverantwortlichen Politik der offenen Grenzen« beschuldigte. »Einwanderung«, frohlockte Trump, »ist ein gutes Thema für uns, nicht für die Demokraten.«

Ich wollte erfahren, was einige der von mir hier porträtierten Trump-Wähler darüber denken, vor allem die Frauen, die selber Kinder haben, und der Pfarrer, dessen Familie sieben leibliche und neun adoptierte Kinder zählt. Schießt Trump ihrer Meinung nach mit der Familientrennung vielleicht übers Ziel hinaus? Nein, ihnen gefällt die harte Haltung. Die Krankenschwester Mona Kilborn aus Iowa sagt, gegenüber illegalen Einwanderern dürfe Amerika keine Nachsicht üben, sonst würde das Land überrannt. Schließlich nehme der Staat auch anderen Gesetzesbrechern die Kinder weg. »Ich habe neulich einen jungen Mann getroffen«, erzählt Kilborn, »der als Kind in eine Pflegefamilie gegeben wurde, weil seine Mutter als Straftäterin ins Gefängnis musste. Hat sich darüber irgendjemand aufgeregt?«

Der Schulmanagerin Nancy Anderson aus Arkansas haben zwar die Fotos von weinenden, traurigen Kindern das Herz zerrissen. Aber sie klagt deswegen nicht Präsident Trump an, sondern die kriminellen Schlepperbanden – und die Eltern dieser Kinder, die ihren Nachwuchs für eine illegale Flucht nach Amerika missbrauchen würden. »Wir haben Gesetze«, sagte Anderson, »und die müssen wir achten und durchsetzen.«

Der evangelikale Pastor Mike Breininger ärgert sich vor allem über die liberalen Medien, die solche Kinderbilder schamlos für ihre Meinungsmache ausnutzen würden. »Ich bin hundertprozentig für Einwanderung«, sagt er, »aber für die legale.« In der öffentlichen Debatte werde außerdem bewusst verschwiegen, dass viele Kinder gar nicht die leiblichen Kinder ihrer erwachsenen Begleiter seien. Manche Flüchtlinge hätten Minderjährige nur als Schutzschild mitgenommen, um an der Grenze nicht verhaftet zu werden. Breininger fordert DNA-Tests. Seiner Meinung nach sollten »nur biologische Familien« zusammenbleiben dürfen und nicht eingesperrt werden.

Die meisten Amerikaner sind allerdings geschockt. Wären im Juni 2018 Wahlen, bekäme Trump wahrscheinlich keine Mehrheit mehr. Aber wer weiß: Wie die Wahl 2016 bewiesen hat, sind Meinungsumfragen oft nicht nur ungenau, sondern können sich auch gewaltig irren. Außerdem hat Trump bewiesen, dass er eine Präsidentschaftswahl auch ohne eine Mehrheit an Wählerstimmen gewinnen kann.

Trump, der wider Erwarten zum 45. Präsidenten der Vereinigten Staaten gewählt wurde, ist es Schritt für Schritt gelungen, die Republikanische Partei zu kapern. Republikanische Senatoren oder Abgeordnete, die auf Distanz zu Trump gegangen sind oder ihn gar öffentlich zu kritisieren wagen, haben kaum eine Chance, erneut aufgestellt zu werden. Erst werden sie von Trump mit einem wütenden Twittersturm überzogen, dann von einer zornigen Parteibasis in die Wüste geschickt.

Noch wichtiger aber für Trumps Zukunft ist, dass er in den Augen seiner Anhänger bereits in den ersten anderthalb Jahren seiner Amtszeit viele Wahlversprechen eingelöst hat. Für seine Wähler, vor allem für die weißen, die sich lange Zeit unverstanden, übergangen und nicht mehr heimisch in Amerika fühlten, ist das weit mehr, als sie je zu hoffen wagten. »Er ist kein Mann der schönen Worte«, sagt die Farmerin Kay Bartels aus Wisconsin, »aber er hält, was er sagt. Das ist das Wichtigste, das habe ich schon lange nicht mehr erlebt.«

Die Reise in ein weißes Land hat, so hoffe ich, ein kleines Fenster öffnen können in Trumps Amerika, in diese nahe und doch oft so ferne Welt. Denn auch wenn Donald Trump schon morgen Geschichte sein sollte, werden seine Wähler und deren Gedankenwelt bleiben.

Literaturhinweise

Brands, Hal: American Grand Strategy in the Age of Trump. Washington, DC, 2018.

Flake, Jeff: Conscience of a Conservative. A Rejection of Destructive Politics and a Return to Principle. New York 2017.

Frum, David: Trumpocracy. The Corruption of the American Republic. New York 2018.

Gest, Justin: The New Minority. White Working Class Politics in an Age of Immigration and Inequality. New York 2016.

Goldstein, Amy: Janesville. An American Story. New York 2017.

Goodhart, David: The Road to Somewhere. The Populist Revolt and the Future of Politics. London 2017.

Graw, Ansgar: Trump verrückt die Welt. Wie der US-Präsident sein Land und die Geopolitik verändert. Frankfurt am Main 2017.

Hackett Fischer, David: Albion's Seed. Four British Folkways in America. New York 1989.

Johnston, David Cay: The Making of Donald Trump. Brooklyn/London 2016.

Judis, John B.: The Populist Explosion. How the Great Recession Transformed American and European Politics. New York 2016.

Keene, David A. / Mason, Thomas L: Shall Not Be Infringed. The New Assaults on Your Second Amendment. New York 2016.

Kranish, Michael / Fisher, Marc: Trump Revealed. An American Journey of Ambition, Ego, Money, and Power. New York 2016.

LeDuff, Charlie: SH*T SHOW. The Country's Collapsing ... and the Ratings Are Great. New York 2018.

Levitsky, Steven / Ziblatt, Daniel: How Democracies Die. New York 2018.

Mayer, Jane: Dark Money. The Hidden History of the Billionaires Behind the Rise of the Radical Right. Toronto 2016.

Packer, George: Die Abwicklung. Eine innere Geschichte des neuen Amerika. Übers. von Gregor Hens. Frankfurt am Main 2015.

Putnam, Robert D.: Our Kids. The American Dream in Crisis. New York 2015.

Russell Hochschild, Arlie: Fremd in ihrem Land. Eine Reise ins Herz der amerikanischen Rechten. Übers. von Ulrike Bischoff. Frankfurt am Main 2017.

Scalia, Antonin: Scalia Speaks. Reflections on Law, Faith and Life Well Lived. New York 2017.

Trump, Donald / Schwartz, Tony: So werden Sie erfolgreich. Strategien für den Weg nach oben. München 2008.

Ulrich, Bernd: Guten Morgen, Abendland. Der Westen am Beginn einer neuen Epoche. Köln 2017.

Vance, J. D.: Hillbilly-Elegie. Die Geschichte meiner Familie und einer Gesellschaft in der Krise. Übers. von Gregor Hens. Berlin 2018.

Williams, Joan C.: White Working Class. Overcoming Class Cluelessness in America. Boston 2017.

Wolff, Michael: Feuer und Zorn. Im Weißen Haus von Donald Trump. Übers. von Isabel Bogdan u. a. Reinbek 2018.